HISTORIAS
FAVORITAS
de la Biblia

HISTORIAS FAVORITAS

de la Biblia

Escrito por
Ura Miller

Ilustrado por
Gloria Oostema

TGS International es una división subsidiaria propiedad de Christian
Aid Ministries, Berlin Ohio.

La versión de la Biblia que se usó es la Reina Valera, 1960.

Para obtener información o un catálogo, favor escribir a la siguiente
dirección:
TGS International
P.O. Box 355, Berlin, Ohio 44610, USA
Phone (330) 893-2428
Fax (330) 893-2305

Este libro también está disponible en los siguientes idiomas:
rumano, ruso, inglés, ucraniano, alemán, y criollo haitiano.

Library of Congress Catalog Cardnumber
94-075773

ISBN 978-1-885270-56-6

Impreso en Corea del Sur

Spanish101
090311AM1
13341HG

Contenido

ANTIGUO TESTAMENTO

NUEVO TESTAMENTO

Antiguo Testamento

LA MARAVILLOSA CREACIÓN DE DIOS
En el principio

L a Santa Biblia comienza con Dios. Él creó los bellos cielos allá arriba. También creó la tierra para que nosotros viviéramos en ella.

Al principio todo estaba oscuro, muy oscuro. No se escuchaba el ruido de ninguna criatura viviente. No se oía el canto de los pájaros. No se oía el ruido de los animales ni la risa de los niñitos.

Entonces se oyó una voz: "Sea la luz" ¡y fue la luz! Dios separó la luz de la oscuridad, y las llamó día y noche. Todo esto sucedió el primer día.

El segundo día Dios empezó a hacer un mundo precioso. Él separó las aguas y el cielo. Entonces apareció el cielo azul.

El tercer día Dios juntó todas las aguas para que apareciera tierra seca. Él cubrió las llanuras, las colinas, y las montañas con hierba, flores, plantas, y árboles. Aceitunas, manzanas, cerezas, duraznos, y otras frutas crecían en los árboles y en los arbustos.

El cuarto día por la mañana algo anaranjado, casi rojo, apareció en el cielo hacia el este. Dios lo llamó sol. Por la noche el cielo estaba salpicado de muchas estrellas y apareció la brillante luna.

El quinto día se escuchaban sonidos por todos lados. ¿Qué creó Dios ese día? Aves para que volaran en el cielo y peces para que nadaran en el agua. Él los hizo de todos tamaños, formas, y colores. Peces dorados, golondrinas, gansos, y avestruces son sólo unas pocas de todas las criaturas que Dios creó.

El sexto día se vieron vacas, caballos, ovejas, perros, y gatos, junto con leones, tigres, osos, y conejos. Todo esto fue un maravilloso regalo para el primer hombre que Dios también creó ese día. ¿Sabes el nombre de este hombre? En la próxima historia leerás de él.

El séptimo día Dios descansó. Él lo llamó día de reposo, porque en ese día descansó de todo su trabajo.

Génesis 1; 2:1-3

Dios creó un mundo maravilloso.

Padres: *"Por la fe entendemos haber sido constituido el universo por la palabra de Dios"* (Hebreos 11:3).

Niños: 1. ¿Quién hizo todas las cosas vivientes?
2. ¿Cuáles son algunas de las cosas bonitas que hizo Dios?
3. ¿En cuántos días creó Dios el mundo?

ADÁN Y EVA
Los primeros dos seres humanos

En el sexto día de la creación, el mundo de Dios en verdad era bonito. Los campos estaban verdes, las plantas tenían flores, las aves y los animales poblaban el bosque.

Pero no había gente sobre la tierra. No había ciudades, ni fincas, ni casas. Ni un niño jugaba debajo de los árboles. Sin embargo, el mundo ya estaba listo para que el hombre y la mujer lo disfrutaran.

Dios dijo: "Hagamos al hombre a nuestra semejanza. Él será un alma viviente y señoreará sobre toda la tierra."

Entonces Dios tomó polvo de la tierra y formó al hombre. Sopló en su nariz aliento de vida y fue el hombre un ser viviente. Dios llamó a este primer hombre *Adán*.

Para darle un hogar al hombre, Dios sembró un hermoso huerto en Edén. Un río cristalino corría por en medio del huerto. A Adán le tocaba cuidar del huerto. Dios le trajo todos los animales para que él le pusiera un nombre a cada uno. Adán notó que había dos de cada clase de animal.

Pero Adán estaba solo en aquel huerto perfecto. Dios dijo: "No es bueno que el hombre esté solo. Le haré a alguien que esté con él y le ayude."

Dios hizo que Adán durmiera profundamente. Luego tomó una costilla del costado de Adán. De esa costilla, Dios hizo una mujer, y Adán la llamó Eva. Adán y Eva se amaban. Ellos estaban muy felices en el hermoso huerto que Dios les había dado como hogar.

Génesis 1:26; 2

Adán y Eva en el hermoso huerto de Edén.

Padres: *"Te alabaré; porque formidables, maravillosas son tus obras"* (Salmo 139:14).

Niños:
1. ¿Quién hizo a Adán y a Eva?
2. ¿Cómo se llamaba el huerto donde vivían Adán y Eva?
3. ¿Quién les puso nombre a los animales que Dios hizo?

EL PRIMER PECADO
Echados del huerto de Edén

Por un tiempo Adán y Eva vivían en paz en su hermoso huerto. Ellos hablaban con Dios como un hombre habla con su amigo. Ellos hacían todo lo que Dios les decía, y no conocían lo malo.

Pero aun así, Adán y Eva tenían que aprender que se debe obedecer siempre los mandatos de Dios. Él le había dicho a Adán: "Puedes comer del fruto de todos los árboles del huerto menos uno. Si comes del fruto de ese árbol, morirás."

Pero entre los animales había una serpiente. Satanás, el espíritu malo que nos tienta a pecar, entró en la serpiente para tentar a Eva a que pecara.

La serpiente le dijo a Eva: "Tú no morirás, sino que Dios sabe que si comes del fruto de ese árbol, serás muy sabia y conocerás lo que es bueno y lo que es malo".

Eva escuchó a la serpiente. Ella miró el árbol y pensó en el rico sabor que podría tener su fruto. Se preguntó si en verdad le daría sabiduría. Dejando a un lado el mandato de Dios, tomó del fruto y comió. Luego le dio a Adán y él también comió.

Esa tarde cuando Adán y Eva oyeron la voz de Dios, no acudieron a él como solían hacer. Al contrario, tuvieron miedo y trataron de esconderse.

Por su desobediencia, Dios le dijo a Eva: "Sufrirás mucho dolor y estarás sujeta a tu esposo".

Y a Adán le dijo: "Por haber escuchado a tu esposa cuando te dijo que hicieras lo malo, tú tendrás que trabajar muy duro entre espinos y cardos". Dios también maldijo a la serpiente.

Adán y Eva no podían estar más en su huerto perfecto. Dios los echó afuera y puso querubines y una espada encendida a la entrada del huerto.

Génesis 3

Adán y Eva son echados del huerto por su desobediencia.

Padres: *"Porque así como por la desobediencia de un hombre los muchos fueron constituidos pecadores, así también por la obediencia de uno, los muchos serán constituidos justos"* (Romanos 5:19).

Niños: 1. ¿Quién tentó a Eva?
2. ¿Por qué Adán y Eva se escondieron de Dios?
3. ¿Quién sacó a Adán y a Eva del huerto?

CAÍN MATA A SU HERMANO ABEL
La primera familia

Después que Adán y Eva salieron del huerto de Edén, Dios les dio un hijo, probablemente el primer bebé del mundo. Lo llamaron Caín. Después nació otro bebé y lo llamaron Abel. A Caín le gustaba trabajar en el campo, sembrando granos y frutas. Abel era un muchacho que pastoreaba ovejas.

Ahora que Adán y Eva estaban fuera del huerto, ya no podían hablar con Dios tan fácilmente como antes. Para acercarse a Dios edificaban un altar de piedras y ponían algo sobre el altar como un regalo para Dios. Después lo quemaban para mostrar que ya no era de ellos, sino que pertenecía a Dios a quien no podían ver. Luego oraban delante del altar.

Un día Caín y Abel ofrecieron cada uno un regalo en el altar. Caín trajo frutas y grano y Abel trajo un cordero de su rebaño. El cordero que Abel ofreció era como el Salvador que Dios había prometido: manso, paciente, e inocente. A Dios le agradó la adoración de Abel.

Pero el regalo de Caín no le agradó a Dios. Por eso Caín se enojó mucho en lugar de sentirse apenado por su pecado. Él no le pidió perdón a Dios.

Un día cuando Caín y Abel estaban juntos en el campo, Caín se levantó y mató a Abel. Así fue como el primer bebé del mundo llegó a ser un criminal. Él mató a su propio hermano.

Después otro hijo les nació a Adán y Eva. Lo llamaron Set, que quiere decir *sustitución*. "Ahora Dios me ha dado otro hijo, ya que Caín mató a Abel", dijo Eva. Entonces la gente comenzó a invocar el nombre de Jehová.

Génesis 4

Caín y Abel ofrecen cada uno un regalo sobre el altar.

Padres: *"Fructificad, y multiplicaos; llenad la tierra"* (Génesis 1:28).

Niños:
1. ¿Qué trabajo le gustaba más a Caín?
2. ¿Qué ofreció Abel en el altar?
3. ¿Quién se enojó mucho y mató a su hermano?

17

NOÉ, EL CONSTRUCTOR DEL ARCA
El primer viaje en barco

Después de mucho tiempo, había mucha gente en la tierra. Y aunque da tristeza decirlo, la gente llegó a ser muy mala. Dios decidió destruir a todo ser viviente por medio de un diluvio.

Cuando Dios miró la tierra desde el cielo, vio a un hombre bueno que se llamaba Noé. Como Noé era amigo de Dios, Dios le contó lo del diluvio que él iba a mandar sobre la tierra. Luego le mandó a Noé que construyera una gran arca y le dijo exactamente cómo debía hacerla.

Sin duda la gente mala se burlaba de Noé porque construía un gran barco donde no había agua. Pero Noé siguió construyendo como Dios le había dicho. Él creyó en la palabra de Dios. Noé también era un predicador que les hablaba a la gente acerca de Dios y del castigo que iba a venir.

Después de más de cien años, el arca estuvo terminada. Dios le dijo a Noé que entrara en el arca junto con su familia. En total eran ocho personas. Dios hizo que los animales de todas las especies, las aves, y los animales que se arrastran, entraran en el arca para que se salvasen. Cuando todos estuvieron seguros dentro del arca, Dios cerró la puerta.

Después de siete días empezó a llover. Llovió durante 40 días y 40 noches sin parar. La lluvia cayó a cántaros. Las aguas inundaron toda la tierra hasta que murió todo lo que estaba afuera del arca.

Sobre las aguas flotaba el arca con Noé y su familia adentro. Después de muchos días las aguas comenzaron a bajar y el arca reposó sobre los montes de Ararat. Un día Noé abrió la ventana del arca y soltó una paloma. Pero ella regresó al arca porque no había un lugar seco donde reposar. Después de una semana, Noé volvió a enviar la paloma. Esta vez regresó con una hoja en el pico. ¡Debían de estarse asomando los árboles ya! La próxima vez que Noé envió la paloma, ella no regresó. Ahora Noé sabía que la tierra estaba seca otra vez.

Dios le dijo a Noé y a su familia que salieran del arca. Noé estaba tan agradecido con Dios por haber salvado sus vidas que edificó un altar para adorarlo. Dios formó un arco iris en el cielo. Le dijo a Noé que el arco iris era una señal de su promesa de nunca volver a destruir la tierra con un diluvio.

Génesis 6; 7; 8; 9:1-18

Noé y su familia le dan las gracias a Dios por haberlos salvado.

Padres: *"Porque tú no eres un Dios que se complace en la maldad; el malo no habitará junto a ti"* (Salmo 5:4).

Niños: 1. ¿Quién le dijo a Noé que construyera el arca?
2. ¿Qué estaba en el arca además de Noé y su familia?
3. ¿Por qué puso Dios un arco iris en el cielo?

19

LA TORRE DE BABEL
Empiezan los diferentes idiomas

Los descendientes de Noé muy pronto olvidaron la historia del diluvio. Sus familias siguieron creciendo hasta que hubo mucha gente en el mundo. Además, volvieron a hacer lo malo.

Al viajar hacia el oeste, la gente encontró una gran llanura. En ese tiempo todos hablaban el mismo idioma. Hablando entre ellos, dijeron: "Vamos, hagamos ladrillo, y cozámoslo con fuego. Edifiquémonos una gran ciudad con una torre muy alta. Y hagámonos un nombre, para que no seamos esparcidos sobre la faz de toda la tierra."

Después empezaron a edificar la ciudad y la torre. Pero Dios vio lo que hacían, y se disgustó mucho.

Dios hizo que los hombres hablaran en muchos idiomas distintos. Los constructores no pudieron terminar la ciudad ni la torre porque ya no se podían entender el uno al otro. El trabajo se detuvo y la gente comenzó a esparcirse por todos lados. La ciudad, sin terminar, fue llamada Babel, que quiere decir confusión. Desde ese tiempo se ha hablado muchos idiomas diferentes.

Con el paso del tiempo, más y más gente oraba a las imágenes hechas de madera o de piedra, llamadas ídolos. Ellos creían que estos ídolos eran dioses que podían escuchar sus oraciones y ayudarlos. No oraban al Dios verdadero, ni conocían su voluntad. Ellos hacían muchas cosas malas.

Pero Dios vio a un hombre diferente en la ciudad de Ur. Ese hombre, Abram, adoraba a Dios. Él siempre trataba de hacer la voluntad de Dios aunque mucha gente mala vivía en su derredor. Entonces Dios le dijo: "Abram, vete de tu tierra y de tu casa a la tierra que yo te mostraré. Yo te bendeciré y tú serás bendición para otros." Aunque Abram no entendía todo el plan de Dios, él le obedeció.

Génesis 10; 11:1-9; 12:1-4

La ciudad y la torre son construidas.

Padres: *"Hizo proezas con su brazo; esparció a los soberbios en el pensamiento de sus corazones"* (Lucas 1:51).

Niños:
1. ¿Estuvo contento Dios con la construcción de la torre de Babel?
2. ¿Qué hizo Dios para detener la construcción?
3. ¿Qué le mandó Dios a Abram que hiciera?

ABRAM Y LOT
Sodoma es destruida

Abram y su familia salieron de Ur, llevando sus tiendas, sus ovejas, su ganado, y sus siervos. Su sobrino Lot, que también tenía animales y tiendas, salió con él. Cruzaron ríos y subieron colinas hasta llegar a la tierra de Canaán. Ésta era la tierra de la que Dios había hablado a Abram. Plantaron sus tiendas y se acomodaron para vivir allí. Cada mañana los siervos llevaban el ganado a pastar, pero pronto tuvieron problemas. No había suficiente campo para todos los animales. Abram y Lot tendrían que separarse.

—Tú puedes escoger si te vas o te quedas —le dijo Abram a Lot.

Lot miró hacia la ciudad de Sodoma. El terreno alrededor de la ciudad era hermoso, con pastos verdes y abundancia de agua. Él escogió la tierra mejor y pasó sus animales y posesiones a Sodoma.

Pasado un tiempo, tres hombres vinieron a la tienda de Abram. Estos hombre eran ángeles enviados por Dios. Le dijeron que Dios destruiría la ciudad de Sodoma porque la gente que vivía en ella era muy mala. Un pecado muy grande de la gente de Sodoma era que hombres se casaban con hombres, y mujeres con mujeres. Dios quiere que un hombre se case con una mujer. Pero la gente de Sodoma no le ponía importancia a las leyes de Dios.

Abram le rogó a Dios que no destruyera la ciudad. Dios dijo que si hallara por lo menos diez personas justas en la ciudad, no la destruiría. Pero ni siquiera hubo diez personas que amaban a Dios.

Lot estuvo sentado a la puerta de la ciudad cuando llegaron los ángeles a Sodoma. Él les dio la bienvenida y los llevó a su casa para que pasaran la noche. Los ángeles le advirtieron a Lot que Dios destruiría la ciudad. A la mañana siguiente le dijeron: "Apresúrate. Toma a tu esposa y a tus hijas y sal de la ciudad."

Rápidamente sacaron a Lot y a su esposa e hijas de la ciudad, advirtiéndoles que no volvieran a mirar hacia atrás.

Luego el Señor mandó fuego y azufre del cielo y quemó la ciudad de Sodoma y la tierra que la rodeaba. La esposa de Lot no resistió la tentación de mirar hacia atrás, y se convirtió en una estatua de sal.

¡Qué historia tan triste! Lot había sido egoísta, escogiendo la tierra más hermosa. Pero terminó con perder tanto a su esposa como también su hogar. Dios quiere que nos apartemos de lo malo. Es su voluntad que un hombre se case con una mujer. Dios juzgará a las personas que no hacen el bien. Pero aquellos que obedecen a Dios como lo hacía Abram, recibirán bendición.

Génesis 12; 13; 18; 19:1-30

Abram viaja con su familia a la tierra de Canaán.

Padres: *"Por la fe Abraham, siendo llamado, obedeció para salir al lugar que había de recibir como herencia; y salió sin saber a dónde iba"* (Hebreos 11:8).

Niños: 1. ¿A cuál tierra llevó Abram a su esposa y a Lot?
2. ¿Quién escogió la mejor tierra? ¿Dónde quedaba?
3. ¿Por qué destruyó Dios la ciudad de Sodoma?

EL SACRIFICIO DE ABRAHAM
La gran prueba de amor

El Señor habló con Abram y le dijo: "Yo daré esta tierra a tus hijos, y a los hijos de tus hijos, y ésta será tu tierra para siempre". Abram edificó un altar, hizo una ofrenda a Dios, y lo adoró.

En otra ocasión Dios le dijo a Abram: "¿Puedes contar las estrellas? Tampoco podrás contar a tu descendencia." Abram creyó que Dios le iba a dar muchos descendientes aunque hasta entonces él no tenía ningún hijo. Luego Dios le cambió el nombre de Abram a Abraham, que quiere decir "padre de una multitud". Él prometió darles a Abraham y a su esposa Sara un hijo, un pueblo, y una tierra. Abraham prometió servirle fielmente a Dios.

Un día llegaron tres hombres extraños a la tienda de Abraham. Él ya tenía 100 años y Sara tenía 90. Los hombres le dijeron a Abraham que Sara tendría un hijo. Sara, al escucharlos, se rió para sí, diciendo: *¿Cómo podré tener un hijo siendo ya tan anciana?*

Los hombres, que eran ángeles enviados por Dios, dijeron: "¿Hay para Dios alguna cosa difícil?"

Al fin el hijo prometido les nació a Abraham y Sara. Ellos lo llamaron Isaac, así como Dios les había dicho. Abraham y Sara estaban muy contentos de tener un bebé.

Un día Dios le dijo a Abraham: "Toma ahora a tu único hijo, a quien tú amas, y vete a una montaña que yo te mostraré. Ofrécelo allí como sacrificio a Dios."

El mandato llenó de dolor el corazón de Abraham, pero él obedeció de inmediato. Con dos siervos y un burro, Abraham e Isaac empezaron a caminar hacia el norte.

Al tercer día, Abraham y el joven Isaac subieron una montaña solos. Allí Abraham edificó un altar. Luego colocó la leña, amarró a Isaac, y lo puso sobre el altar. Al fin, él alzó su cuchillo para matar a su hijo. En ese preciso momento el ángel del Señor le llamó: "¡Abraham, Abraham! No le hagas daño a tu hijo Isaac. Ahora sé que amas a Dios más que a tu hijo." ¡Qué gozo y alivio le dieron esas palabras celestiales a Abraham!

Abraham alzó la vista y vio a sus espaldas un carnero atrapado por sus cuernos en una zarza. Muy contento, Abraham ofreció el carnero en lugar de su hijo.

Génesis 15; 18:1-15; 21:1-7; 22

Abraham se prepara para sacrificar a Isaac.

Padres: *"...el que ama a hijo o hija más que a mí, no es digno de mí"* (Mateo 10:37).

Niños: 1. ¿Qué quiere decir el nombre *Abraham*?

2. ¿Cuántos años tenía Abraham cuando nació Isaac?

3. ¿Por qué crees que Dios le pidió a Abraham que sacrificara a su hijo?

UNA ESPOSA PARA ISAAC
Dios contesta la oración de Eliezer

Después de la muerte de Sara, su hijo Isaac se sentía muy solo. Abraham buscaba una esposa para él, pero no quería que Isaac se casara con una mujer de aquel lugar. Las mujeres de allí adoraban a ídolos y no enseñarían a sus hijos los caminos del Señor.

Entonces Abraham llamó a Eliezer, su siervo de más confianza. Lo envió muy lejos, a Nacor, para que buscara una esposa para Isaac de entre el pueblo que adoraba al Dios verdadero.

Con diez camellos y muchos regalos, el siervo empezó su larga jornada. Él iba confiado porque su amo, Abraham, le había dicho que Dios iba a mandar un ángel delante de él.

Al fin Eliezer llegó a la ciudad de Nacor. Esa tarde, se detuvo a orar junto al pozo en las afueras de la ciudad. Él sabía que muy pronto las doncellas de aquel lugar saldrían para llevar agua del pozo. Pero, ¿cómo podría él saber cuál doncella era la escogida?

"Oh Jehová Dios," oró, "ayúdame a saber cuál es la doncella escogida. Sea la doncella que diga: 'Beba, y también a sus camellos daré de beber'. Así sabré que ella es la que tú has escogido."

Mientras Eliezer todavía oraba, una preciosa doncella vino al pozo con un cántaro sobre sus hombros. Él le pidió agua, y ella le contestó:

—Beba, mi señor, y también a sus camellos daré de beber. —¡Eran las mismas palabras que él había dicho en su oración!

Después de darle agua a todos, la doncella dijo:

—Mi nombre es Rebeca. Venga a nuestra casa. Tenemos lugar para ustedes y sus camellos.

Entonces el siervo se inclinó y le dio las gracias a Dios por su fidelidad.

El siguiente día por la mañana Rebeca consintió en ir con Eliezer para ser la esposa de Isaac. Cuando Isaac la vio, la amó y ella llegó a ser su esposa. Ellos fueron fieles el uno al otro durante toda su vida.

Génesis 24

Se contesta la oración de Eliezer cuando éste encuentra a Rebeca junto al pozo.

Padres: *"Cercano está Jehová a todos los que le invocan, a todos los que le invocan de veras"* (Salmo 145:18).

Niños: 1. ¿Por qué no quería Abraham que Isaac se casara con una mujer de la tierra donde él vivía?
2. ¿Cómo supo Eliezer que Rebeca era la doncella escogida?
3. ¿Estaba Rebeca dispuesta a ir con Eliezer?

27

JACOB RECIBE LA BENDICIÓN
Esaú vende su primogenitura

Después que murió Abraham, Dios fue muy bueno con Isaac y lo bendijo. Pero Rebeca, la esposa de Isaac, no tuvo hijos durante 19 años. Isaac oró fervientemente a Dios y él contestó su oración.

A Isaac y a Rebeca les nacieron gemelos. Los llamaron Esaú y Jacob. Esaú creció y se hizo cazador con arco y flecha. Él era muy velludo y de naturaleza violenta. Jacob era más pacífico, y prefería estar en casa cuidando de las ovejas de su padre. Isaac amaba a Esaú más que a Jacob porque Esaú le traía de su carne favorita. Pero Rebeca amaba más a Jacob.

En ese tiempo el hijo mayor tenía el derecho a la primogenitura. Esto quiere decir que él sería jefe entre los demás hermanos. También recibiría una bendición especial y lo mejor de toda la herencia de su padre. Como Esaú había nacido primero, él tenía ese derecho.

Un día, Esaú llegó a la casa muy hambriento y cansado de cazar y le pidió comida a Jacob. Jacob le respondió:

—Te la daré, si primero me vendes tu primogenitura.

—¿Qué provecho hay en esa primogenitura? Ya casi me desmayo —respondió Esaú. Así que, se la vendió a Jacob por un plato de sopa.

Pasaron los años; Isaac se hacía más débil y quedó sin vista. Un día él le dijo a Esaú:

—Ve al campo y tráeme caza. Prepárame un guisado como tú sabes que a mí me gusta, y yo te daré la bendición.

Rebeca también escuchó lo que dijo Isaac. Ella quería que Jacob recibiera la bendición. Ella le puso a Jacob las vestiduras de Esaú, y le cubrió los brazos y el cuello con piel de cabra, para que Isaac creyera que era Esaú. Después mandó a Jacob a la tienda de Isaac con carne que ella había preparado. Isaac se la comió y bendijo a Jacob, creyendo que era Esaú.

El truco de Rebeca había funcionado.

Génesis 25:11-34; 27:1-29

Isaac es engañado por Rebeca y Jacob.

Padres: *"Por la fe bendijo Isaac a Jacob y a Esaú respecto a cosas venideras"* (Hebreos 11:20).

Niños: 1. ¿A cuál de los gemelos quería más Rebeca?
2. ¿Qué vendió Esaú por un plato de sopa?
3. ¿Cómo engañaron Rebeca y Jacob a Isaac?

JACOB HUYE DE SU CASA
Dios lo consuela con un sueño

Cuando Esaú supo que había perdido la bendición por el engaño de su hermano, se enojó mucho y pensó: *Mi padre morirá pronto, entonces yo mataré a Jacob.*

Cuando Rebeca escuchó esto, le dijo a Jacob:

—Vete de aquí antes que sea demasiado tarde y huye de Esaú. Quizás, al no verte más, se tranquilice y olvide su enojo.

Por lo tanto, Jacob salió de su casa y se fue solo hacia una tierra lejana. Un día por la tarde, cuando ya se ponía el sol, se detuvo a pasar la noche. Puso unas piedras como almohada y se acostó a dormir. Esa noche él tuvo un sueño maravilloso. Vio una escalera que llegaba hasta el cielo. Había ángeles que subían y bajaban por ella. Dios estaba en lo alto de la escalera. El Señor le dijo a Jacob: "La tierra en la que estás será tuya y de tus hijos después de ti. Yo te protegeré y te traeré de regreso a esta tierra."

Por la mañana, Jacob se despertó y dijo: "¡El Señor está aquí y yo no lo sabía! Yo pensé que estaba solo. Este lugar es la casa de Dios; es la puerta del cielo." Jacob tomó la piedra que había usado como almohada y la levantó en forma de columna. Después, vertió aceite sobre ella como una ofrenda de acción de gracias a Dios.

Luego Jacob siguió su camino hasta llegar a un pozo que estaba cerca de la ciudad de Nacor. Mientras esperaba allí, se encontró con Raquel, una prima suya. Él estaba tan contento que hasta lloró.

Desde ese mismo momento, él amaba a Raquel, y anhelaba tenerla por esposa.

Génesis 27:30-46; 28; 29:1-14

Jacob tuvo un sueño maravilloso.

Padres: *"El ángel de Jehová acampa alrededor de los que le temen, y los defiende"* (Salmo 34:7).

Niños:
1. ¿Por qué salió Jacob de su casa?
2. ¿Qué usó Jacob como almohada?
3. ¿Quiénes subían y bajaban por la escalera en su sueño?
4. ¿Quién estaba en lo alto de la escalera?

JACOB ES ENGAÑADO;
LUCHA CON UN ÁNGEL
Una lección difícil

D después que Jacob llegó a Nacor, él quizo que Raquel, la hija de Labán, fuera su esposa. Jacob le dijo a Labán:

—Si usted me da a Raquel, yo trabajaré para usted durante siete años. —Labán estuvo de acuerdo.

En el día de la boda le trajeron la novia a Jacob. Según la costumbre de aquella tierra, ella venía con la cara cubierta de un velo grueso. Después de la boda, cuando Jacob le quitó el velo, se dio cuenta de que no se había casado con Raquel, la que él amaba, sino con la hermana mayor, una joven que él no quería por esposa.

Jacob se sentía muy mal por haber sido engañado. Quizás pensó en la vez cuando él mismo había engañado a su padre casi de la misma manera. Después Labán le dijo:

—En nuestra tierra no se permite que la hija menor se case antes que la mayor. Yo te daré a Raquel si trabajas para mí siete años más. —Jacob estuvo de acuerdo y Raquel también llegó a ser su esposa.

Después de 20 años de servir a Labán, Jacob reunió a su familia y sus bienes y salió de Nacor. De regreso a Canaán, Jacob recibió noticias que lo llenaron de temor. Él escuchó que su hermano Esaú venía a su encuentro con 400 hombres. Jacob recordó lo que Esaú había dicho antes que él se marchara.

Esa noche Jacob mandó a su familia al otro lado del arroyo, pero él se quedó atrás para orar. Cuando Jacob estaba solo, sintió que un hombre lo dominaba. Jacob luchó con el hombre extraño hasta la mañana. El hombre era un ángel de Dios. Él bendijo a Jacob y cambió su nombre a Israel.

Poco después Israel se encontró con su hermano Esaú y se reconciliaron.

Génesis 29:15-35; 30; 31; 32; 33:1-16

Jacob lucha con un ángel y recibe la bendición de Dios.

Padres: *"Los ojos de Jehová están sobre los justos, y atentos sus oídos al clamor de ellos"* (Salmo 34:15).

Niños: 1. ¿Cómo engañó Labán a Jacob?
2. ¿Con quién luchó Jacob?
3. ¿Cuál era el nombre nuevo de Jacob?

SUEÑOS CON MENSAJES ESPECIALES
José es vendido

Después que Jacob regresó a la tierra de Canaán, le nació su hijo menor, Benjamín. Ahora Jacob tenía 12 hijos. Jacob amaba más a José que a sus demás hijos. Él amaba a José porque era hijo de Raquel, y porque le había nacido en su vejez. Él amaba a José porque él era un muchacho bueno, fiel, y cuidadoso. Jacob le hizo a José una túnica de muchos colores. Esto era una muestra especial de cuánto amaba él a José. Pero los hermanos de José tenían celos al ver la parcialidad de su padre.

Un día José dijo:

—Escuchen lo que soñé. Soñé que estábamos en el campo atando manojos. Mi manojo se paraba derecho, y los manojos de ustedes se inclinaban ante el mío.

—¿Tú crees que vas a mandar sobre nosotros y que nos vamos a inclinar ante ti? —le respondieron sus hermanos.

Pasados unos días José dijo:

—He tenido otro sueño. Esta vez vi el sol, la luna, y 11 estrellas que se inclinaban a mí.

Ahora los hermanos de José lo odiaban aún más que antes, y no le hablaban amablemente. Pero su padre meditaba mucho en lo que José había dicho.

Un día, los hermanos de José estaban cuidando los rebaños muy lejos de la casa. Jacob envió a José para ver cómo les iba.

Cuando los hermanos de José lo vieron venir, dijeron:

—Miren, allí viene el soñador. Matémoslo. Pero Rubén defendió a José, y los convenció de no matarlo. Les dijo que lo echaran en un hoyo que estaba cerca. Él pensaba devolverlo a su padre después.

Mientras los hermanos almorzaban, pasó un grupo de mercaderes ismaelitas. Decidieron vender a José, su propio hermano, por 20 piezas de plata. En seguida, los mercaderes llevaron a José muy lejos. Él estaba muy triste.

Luego los hermanos mataron un cabrito y tiñeron la túnica con la sangre. Cuando su padre Jacob vio la túnica teñida de sangre, creyó que una fiera había matado a José. Él guardó luto por su hijo mucho días.

Génesis 35:16-21; 37

José es vendido por 20 piezas de plata.

Padres: *"Porque donde hay celos y contención, allí hay perturbación y toda obra perversa"* (Santiago 3:16).

Niños: 1. ¿Quién tenía una túnica de muchos colores?
2. ¿Por qué los hermanos de José lo odiaban?
3. ¿Qué hicieron con José?

JOSÉ INTERPRETA EL SUEÑO DE FARAÓN

De la cárcel al palacio

Después de muchos días, José llegó a Egipto. ¡Cómo se debe de haber extrañado al ver el gran Río Nilo y las ciudades llenas de gente!

Los ismaelitas vendieron a José como esclavo a un hombre llamado Potifar. Éste era oficial del ejército de Faraón, rey de Egipto. José era un muchacho de buen parecer, simpático, y de mucho ánimo. Su amo Potifar pronto lo puso a cargo de toda su casa.

Al principio, la esposa de Potifar se llevaba bien con José. Pero cuando José no quiso hacer lo malo para agradarle a ella, se enojó con él. Ella acusó falsamente a José ante Potifar. Su esposo creyó lo que ella dijo y mandó que echaran a José en la cárcel.

José creía en Dios y aun en la cárcel fue amable y gozoso. Al poco tiempo el encargado de la prisión puso a José a cargo de todos los presos, porque él era aplicado y honrado.

Cuando José tenía 30 años, Faraón tuvo un sueño que lo turbó mucho, y uno de sus siervos le habló de José.

Inmediatamente Faraón mandó a llamar a José y le dijo:

—Tengo entendido que tú puedes interpretar sueños.

—El poder no está en mí, sino en Dios que le dará la respuesta —le respondió José.

Faraón dijo que en su sueño vio siete vacas gordas y bonitas que salían del río. Después vio otras siete vacas flacas y feas que se comieron las siete vacas gordas, pero aun así se veían flacas y feas.

José le dijo al rey:

—Su sueño significa que vendrán siete años de mucha abundancia, y luego siete años de escasez. Usted debe escoger a alguien para que almacene mucho alimento durante los siete años buenos.

El rey escogió a José, y lo hizo gobernador sobre todo Egipto. Dios no se había olvidado de su amigo José.

Génesis 39-41

José le da gloria a Dios con interpretar el sueño de Faraón.

Padres: *"Bienaventurado todo aquel que teme a Jehová, que anda en sus caminos"* (Salmo 128:1).

Niños:
1. ¿Por qué quería la gente tanto a José?
2. ¿Quién le dio a José el significado del sueño?
3. ¿Cómo recompensó el rey a José?

LOS HERMANOS DE JOSÉ
LLEGAN A EGIPTO
Sus sueños se hacen realidad

Cuando José fue nombrado gobernador de la tierra de Egipto, él hizo su trabajo fielmente y con mucho cuidado. Los siete años de abundancia pasaron rápidamente, y luego vinieron los años de hambre. Aun en la tierra de Canaán, donde vivía la familia de José, escaseó el alimento. Pero su padre Jacob oyó decir que en Egipto había alimento y mandó a los 10 hermanos de José a conseguir para ellos.

Cuando los hermanos llegaron a Egipto y se presentaron ante José, no lo reconocieron. Pero José sí los conoció a ellos. Cuando se inclinaron con su rostro en tierra frente a José, sin duda él se acordó de su sueño. José los trató bruscamente para saber si todavía eran tan egoístas y crueles como antes. Él les habló como si no los hubiera conocido. Los acusó de ser espías y los puso a todos en la cárcel por tres días. Después de eso, dejó a Simeón en la cárcel y a los demás los dejó en libertad. Él les dijo que no volvieran a menos que trajeran también a Benjamín, el hermano menor.

Cuando el alimento se terminó, los hermanos de José se vieron obligados a volver a Egipto. Esta vez se llevaron a Benjamín también. Otra vez, todos se inclinaron ante José.

José les preparó una comida y los sentó en orden desde el mayor hasta el menor. Los hermanos se maravillaron. ¿Cómo sabía sus edades aquel gobernador desconocido?

El corazón de José se conmovió tanto que no pudo contener las lágrimas y salió a llorar.

Después de probar la honradez de sus hermanos una vez más, José supo que ellos ya no eran crueles y egoístas como antes. José les ordenó a sus siervos que salieran de la sala. Llorando a gran voz, José les dijo:

—Yo soy su hermano José, el que ustedes vendieron a los mercaderes que venían a Egipto. —Después, con lágrimas de amor y gozo, besó a todos sus hermanos.

José mandó carros y mucha comida con sus hermanos. Les dijo que trajeran a su padre Jacob y a toda su familia y que vivieran en Egipto.

Génesis 42-46

José se da a conocer a sus hermanos.

Padres: *"Este es mi mandamiento* [dice el Señor]: *Que os améis unos a otros, como yo os he amado"* (Juan 15:12).

Niños: 1. ¿Se hicieron realidad los sueños de José?

2. ¿Por qué fue José tan severo con sus hermanos?

3. ¿Amaba José a sus hermanos, a pesar de que lo habían tratado mal?

MOISÉS EN EL RÍO NILO
Una arquilla entre el carrizal

D urante la vida de José, los egipcios trataron bien al pueblo de Israel. Pero después que murió José, empezó a gobernar un rey que no lo conocía.

Este rey le dijo a la gente:

—Hagamos esclavos a esos israelitas y obliguémoslos a trabajar duro para nosotros. —Él tenía miedo porque los israelitas eran muchos y muy poderosos. También mandó a matar a todos los bebés varones que nacieran en las familias israelitas.

En ese tiempo tan difícil, un precioso bebecito nació en una familia israelita. Su madre lo escondió por un tiempo, pero después tuvo que pensar en otro plan para su activo y bullicioso bebé. ¿Cómo podría salvarlo de los egipcios? Seguramente Dios proveería una salida.

La madre hizo una arquilla o canasta con juncos que crecían a la orilla del río. La selló con brea para que el agua no entrara y puso al bebé en la arquilla. Después llevó la arquilla con el bebé al río y la puso en el agua entre un carrizal. También envió a su hija María para que cuidara al bebé.

Poco después, la hija de Faraón y sus siervas bajaron al río para bañarse, y vieron la arquilla. La princesa mandó a su sierva que se la trajera. Cuando la destaparon, vieron al bebé que lloraba.

—¡Éste es un bebé israelita! —exclamó la princesa. Pero lo amó al instante.

Entonces María, que estaba viendo todo, le preguntó a la princesa si debía conseguir una mujer hebrea para que se lo criara. La princesa estuvo de acuerdo. En seguida María salió corriendo a llamar a su madre.

Cuando la madre vino, la hija de Faraón dijo:

—Toma a este niño y críamelo, y yo te pagaré. —La madre, muy feliz, se llevó el niño a la casa. Ella le instruyó en los caminos del Señor.

Cuando el niño creció, la madre se lo entregó a la princesa. Ésta se lo llevó a su propia casa en el palacio y le puso por nombre Moisés.

Éxodo 1; 2:1-10

La hija de Faraón descubre la arquilla con el bebé.

Padres: *"Por la fe Moisés, hecho ya grande, rehusó llamarse hijo de la hija de Faraón, escogiendo antes ser maltratado con el pueblo de Dios, que gozar de los deleites temporales del pecado"* (Hebreos 11:24-25).

Niños:
1. ¿Por qué la madre lo puso en la arquilla?
2. ¿Quién encontró al bebé?
3. ¿Qué nombre le pusieron al bebé que encontraron en la arquilla?

LA ZARZA QUE ARDÍA
Una voz en el desierto

Aunque Moisés creció entre los egipcios y estudió su sabiduría, en su corazón él aún amaba a su propia gente. Los israelitas eran esclavos, pobres, y odiados. Aun así, servían a Dios, mientras los egipcios adoraban a ídolos y animales.

Moisés había sentido el llamado de Dios para ayudar a los israelitas y darles la libertad. Pero sus esfuerzos sólo provocaron la ira del rey de Egipto. Tuvo que huir a un país lejano donde trabajó como pastor de ovejas.

Un día Moisés vio algo muy extraño. Una zarza ardía en un monte. Ardía y ardía, pero no se quemaba.

Cuando Moisés se acercó, el Ángel del Señor le habló desde la zarza, diciendo:

—Moisés, no te acerques. Quítate el calzado de tus pies porque estás sobre tierra santa. Ven ahora —le dijo Dios enseguida—, y te enviaré a Faraón, y tú sacarás a mi pueblo de Egipto.

Moisés le preguntó:

—Y si la gente me pregunta: "¿Quién es ese Dios? ¿Cuál es su nombre?", ¿qué diré?

Dios le respondió:

—Diles que YO SOY te ha enviado; el que siempre vive.

Pero Moisés quería ver una señal especial. Por eso Dios hizo dos milagros. Primero, él le dijo a Moisés que tirara su vara al suelo. Cuando Moisés lo hizo, la vara se convirtió en una serpiente. Luego, Dios hizo que la mano de Moisés se llenara de lepra. Entonces Dios convirtió la serpiente en una vara otra vez y sanó la mano de Moisés.

Pero Moisés todavía no quería ir, porque creía que él no podía hablar bien. Dios le respondió:

—¿No soy yo el Señor, que hizo la boca del hombre? Yo te enseñaré lo que hayas de hablar. —Pero Moisés titubió. Entonces Dios le dijo que enviaría a su hermano Aarón para que hablara por él. Al fin Moisés se rindió al llamado de Dios.

De camino se encontró con su hermano Aarón y juntos fueron a los ancianos de Israel y les dijeron todo lo que el Señor había hablado.

Éxodo 2:11-25; 3; 4

Dios habla a Moisés desde la zarza ardiendo.

Padres: *"Porque a todo lo que te envíe irás tú, y dirás todo lo que te mande. No temas delante de ellos, porque contigo estoy para librarte, dice Jehová"* (Jeremías 1:7-8).

Niños:
1. ¿Cuál fue el mandamiento de Dios a Moisés cuando él se acercó a la zarza?
2. ¿Por qué quería Dios que Moisés regresara a Egipto?
3. ¿Cuál milagro hizo Dios con la vara de Moisés?

MOISÉS Y AARÓN LE HABLAN A FARAÓN
Una lucha entre Dios y el hombre

Después que Moisés y Aarón le hablaron al pueblo de Israel, fueron a hablar con Faraón, el rey de Egipto. Le dijeron:

—Nuestro Dios, el Dios de Israel, quiere que lo adoremos. Para hacer esto, nosotros y todo el pueblo debemos ir tres días de camino por el desierto.

Faraón se enojó mucho, y dijo:

—Moisés y Aarón, ¿qué están haciendo ustedes, distrayendo a la gente en su trabajo? Regresen a sus tareas y no molesten a la gente. Yo sé la razón por la cual los israelitas hablan de salir al desierto. Es porque no tienen suficiente trabajo. Les daré más trabajo.

En ese tiempo, los israelitas hacían construcciones de ladrillo para los gobernadores de Egipto. Ellos mismos hacían el ladrillo de barro mezclado con paja para las construcciones. Los egipcios siempre les proveían de paja para hacer los ladrillos. Pero ahora Faraón les dijo:

—Los israelitas tienen que hacer la misma cantidad de ladrillos como antes hacían, pero ellos mismos tienen que conseguir la paja. —Esto era demasiado trabajo, casi imposible de cumplir. ¿Cómo iban a encontrar y recoger suficiente paja, y a la vez hacer la misma cantidad de ladrillos?

Los israelitas se enojaron contra Moisés y Aarón. Dijeron:

—Nosotros creímos que ustedes nos iban a libertar, pero ahora nuestro sufrimiento es aun más grande.

Moisés clamó a Dios, y Dios le respondió:

—Ve y háblale a Faraón y muéstrale las señales que yo te di.

Faraón se burló de ellos, diciendo:

—¿Quién es Dios? ¿Por qué tengo yo que obedecer sus mandatos?

Entonces Aarón arrojó su vara al suelo y se convirtió en una serpiente. Faraón llamó a sus magos, que también convirtieron sus varas en serpientes. Dios permitió esto, pero hizo que la vara de Aarón, en forma de serpiente, se tragara a las demás serpientes. Pero ni aun así dejó ir Faraón a los hijos de Israel.

Éxodo 5; 6; 7:1-13

La vara de Aarón se convierte en una serpiente y se traga a las demás serpientes.

Padres: *"Yo sé que Jehová tomará a su cargo la causa del afligido, y el derecho de los necesitados"* (Salmo 140:12).

Niños: 1. ¿Qué hacían los israelitas con el barro?
2. ¿Por qué se hizo más difícil su trabajo?
3. ¿A quién clamó Moisés por ayuda?

LAS PLAGAS
Maravillas en Egipto

El Señor le dijo a Moisés: "Faraón ha endurecido su corazón y rehusa escuchar mi voz. No quiere dejar ir a mi pueblo. Ve por la mañana y ponte junto al río. Cuando llegue Faraón, extiende tu vara sobre las aguas de Egipto."

Moisés y Aarón obedecieron a Dios. Cuando Aarón golpeó el agua con su vara, el agua se convirtió en sangre. Todos los peces murieron y una terrible hediondez llenó la tierra.

Después de siete días Dios quitó la plaga de sangre, pero Faraón no se arrepintió. Entonces hubo una plaga de ranas que cubrieron la tierra. Había ranas por todas partes. Pero el corazón de Faraón se endureció aun más.

Luego Aarón golpeó el polvo con la vara y todo el polvo se convirtió en piojos. Había piojos tanto en la gente como en el ganado.

Después Dios mandó grandes nubes de moscas, hasta que las casas se llenaron y el cielo se cubrió de ellas. Pero donde vivían los israelitas no había ni piojos ni moscas.

Luego vino una terrible plaga que afectó a todos los animales en Egipto. Miles de caballos, camellos, ovejas, y ganado murieron. Pero ninguna plaga dañó el ganado de los israelitas.

Después de esto, Moisés y Aarón tomaron cenizas de un horno y las tiraron hacia arriba. Inmediatamente empezaron a aparecer úlceras en la gente y en los animales. Siguió una gran tormenta de granizo como nunca antes se había visto en la tierra de Egipto. Moisés y Aarón a menudo instaban a Faraón, pero él no cedía.

Después de la tormenta, vino un viento muy fuerte del este con nubes de langostas que devoraron todo lo verde que la tormenta no había destruido. Finalmente hubo una gran oscuridad que duró tres días. Los egipcios no podían ver el sol, ni la luna, ni las estrellas.

Entonces Faraón le gritó a Moisés:

—¡Quítate de mi vista; que nunca más vuelvas a ver mi rostro!

—Que sea como usted diga —le respondió Moisés.

Éxodo 7:14-25; 8; 9; 10

Egipto es destruido por las plagas.

Padres: *"Por cuanto no se ejecuta luego sentencia sobre la mala obra, el corazón de los hijos de los hombres está en ellos dispuesto para hacer el mal"* (Eclesiastés 8:11).

Niños: 1. ¿En qué se convirtieron las aguas de Egipto?
2. ¿Cuánto tiempo duró la oscuridad?
3. ¿Qué le dijo Faraón a Moisés al final?

LA PASCUA
Libres al fin

Los israelitas vivían seguros bajo la protección de Dios, mientras que los egipcios sufrían graves daños por las plagas. Los egipcios ya habían llegado a temer al Dios de los israelitas y a su siervo Moisés.

Moisés le dijo al pueblo:

—Dios traerá una plaga más sobre los egipcios; entonces nos dejarán ir. Júntense todos según sus familias, y estén listos para salir de Egipto. A la medianoche, el ángel del Señor pasará por toda la tierra, y matará al hijo primogénito de cada casa. Pero las familias de ustedes estarán seguras si hacen exactamente lo que yo les digo.

A cada familia se le mandó que matara un cordero. Después tuvieron que tomar la sangre del cordero y ponerla sobre el dintel y los dos postes de la puerta. Nadie debía salir aquella noche, porque era la pascua del Señor.

Esa noche un gran grito subió de toda la tierra de Egipto. En cada casa, el hijo mayor había muerto. Faraón, el rey de Egipto, vio a su propio hijo muerto, y supo que era por la mano de Dios. Todos los egipcios se llenaron de terror al ver en sus casas a sus hijos muertos.

El rey hizo llamar a Moisés y a Aarón y les dijo:

—Salgan de en medio de nosotros. Llévense todo lo que tienen y no dejen nada. Y oren a su Dios para que tenga misericordia de nosotros.

Fue así como temprano por la mañana, después de vivir más de 400 años en Egipto, los israelitas partieron.

El Señor Dios iba delante del gran grupo de gente. Durante el día, tenía la forma de una gran columna de nube frente a ellos, y durante la noche se convertía en una columna de fuego. Servía de guía durante el día y les alumbraba durante la noche.

Éxodo 11; 12; 13:17-22

La sangre del cordero protege de la muerte a los que obedecen.

Padres: *"Nuestra pascua, que es Cristo, ya fue sacrificada por nosotros"* (1 Corintios 5:7).

Niños:
1. ¿Qué fue lo que pusieron los israelitas sobre el dintel y los postes de las puertas?
2. ¿Por qué hicieron eso?
3. ¿Quién iba a pasar por las casas a la medianoche?

EL MAR ROJO SE DIVIDE
Guiados por una columna de nube y de fuego

Los hijos de Israel viajaban hacia el Mar Rojo, guiados por la columna de nube y de fuego. En pocos días, llegaron a la orilla del mar, y se encontraron con el agua frente a ellos y grandes montañas a ambos lados. Pero, tan pronto como ellos salieron, Faraón quiso hacerlos volver. Él reunió a todo su ejército, sus carros, y a sus hombres de a caballo, y siguió a los israelitas. Pronto el ejército de Faraón los alcanzó.

El pueblo temblaba de miedo y clamó a Moisés:

—¿Por qué nos trajo a este lugar tan terrible? ¡Hubiera sido mejor servir a los egipcios que morir acá en el desierto!

—No teman —contestó Moisés—. Estén quietos y observen cómo Dios nos salvará. Dios peleará por ustedes, y ustedes nunca más verán a esos egipcios.

Luego la columna de nube se puso detrás de los israelitas, entre el pueblo y los egipcios. Para los israelitas, todo brillaba con la gloria de Dios, pero para los egipcios era una densa y terrible oscuridad.

Dios envió un poderoso viento del este que sopló durante toda la noche. A la mañana siguiente había un camino seco con muros de agua a ambos lados. Luego la columna de nube se pasó al frente del pueblo. Así los israelitas pasaron seguros a través del mar y llegaron al desierto al otro lado.

Los egipcios decidieron seguirlos en sus carros y en sus caballos. Pero Dios los detuvo, quitando las ruedas de sus carros.

Cuando todos los israelitas habían cruzado, Moisés extendió la mano sobre el mar y los muros de agua se volvieron a juntar. Todo el ejército de Faraón se ahogó a la vista del pueblo de Israel.

Moisés escribió un canto de victoria, y él y todo el pueblo lo cantaron juntos.

Éxodo 14-15

El ejército egipcio es destruido por la ira de Dios.

Padres: *"Por la fe pasaron el Mar Rojo como por tierra seca; e intentando los egipcios hacer lo mismo, fueron ahogados"* (Hebreos 11:29).

Niños: 1. ¿Cómo sabía la gente hacia dónde ir?
2. ¿Quién hizo que la nube se moviera?
3. ¿Qué pasó con el ejército de Faraón?

PROVISIÓN DE DIOS EN EL DESIERTO
Maná y codornices

Pasados tres días de haber salido de Egipto, los hijos de Israel llegaron a un manantial. Tenían mucha sed, pero el agua era tan amarga que no la podían tomar. El pueblo empezó a quejarse. Moisés clamó a Dios por ayuda. Dios le mostró un árbol y le dijo que lo echara al agua. En seguida el agua se volvió dulce. Dios siempre estaba listo para ayudar a su pueblo cuando ellos clamaran a él.

Unos días más tarde, llegaron a un oasis donde había 70 palmeras y mucha agua. Allí acamparon por muchos días y descansaron.

Durante el viaje, los israelitas se quejaron una y otra vez. Hasta le dijeron a Moisés:

—En Egipto teníamos mucho que comer. Ahora usted y Aarón nos han traído hasta aquí para que muramos. —Dios escuchó sus quejas. Le dijo a Moisés que le dijera al pueblo que él iba a proveer carne y comida para ellos.

Dios hizo exactamente como había dicho. Por las tardes, grandes nubes de codornices volaron sobre el campamento. El pueblo las agarraba y se las comía. Por las mañanas, el pueblo veía toda la tierra cubierta con hojuelitas redondas y blancas que parecían escarcha. Ellos nunca antes habían visto tal cosa.

—¿Qué será eso? —se preguntaban.

Moisés les dijo:

—Esto es pan del cielo que el Señor les ha dado para que coman. Recojan sólo la cantidad que necesitan para el día, y Dios va a proveer más para mañana.

El Señor quería que ellos aprendieran a confiar en que él proveería cada día el alimento necesario. Este alimento se llamaba maná. Algunos desobedecieron. Dejaron maná para otro día y las sobras criaron gusanos y hedía. Solamente el sexto día de la semana debían recoger el doble porque el próximo día no habría. Ese día era día para reposar y adorar a Dios. Todos los días, durante 40 años, Dios proveyó maná para su pueblo.

Éxodo 15:22-27; 16

Los israelitas recogen el maná que Dios les dio.

Padres: *"Pan de nobles comió el hombre; les envió comida hasta saciarles"* (Salmo 78:25).

Niños:
1. ¿Qué echó Moisés en el agua para que se hiciera dulce?
2. ¿Cómo se llamaba la comida que caía del cielo?
3. ¿Siempre estaban contentos los hijos de Israel?

LOS DIEZ MANDAMIENTOS
Las leyes doradas de Dios

L os israelitas llegaron a un gran monte llamado Monte Sinaí. Allí
Jehová le dijo a Moisés: "Ve y santifica al pueblo. Diles que se laven
y se alisten, porque voy a bajar sobre el monte y les hablaré."

En la mañana del tercer día, truenos y relámpagos sacudieron el
monte, y una nube espesa lo cubrió. Jehová descendió sobre el monte y
dio los Diez Mandamientos.

I.   No tengan otros dioses sino sólo yo.

Siempre debemos amar a Dios más que a cualquier otra cosa.

**II.   No hagan ninguna imagen, ni se inclinen ante ella, ni la
adoren.**

Las imágenes hechas de oro, plata, madera, o piedra no pueden salvar a
nadie. El Dios del cielo es un Dios celoso. Es el único y verdadero Dios.

III.   No tomen el nombre de Dios en vano.

El nombre de Dios es sagrado, por tanto, debemos usarlo
reverentemente.

IV.   Guarden en santidad el día de reposo.

Debemos adorar a Dios y descansar de los trabajos innecesarios.

V.   Honra a tu padre y a tu madre.

Debemos obedecer a nuestros padres con corazón amoroso.

VI.   No matarás.

VII.   No cometerás adulterio.

Un hombre no debe dejar a su esposa y vivir con otra mujer, ni
tampoco una mujer debe dejar a su esposo y vivir con otro hombre.
Debemos mantenernos puros.

VIII. No robarás.

IX.   No levantarás falso testimonio contra tu prójimo.

Nunca debemos mentir al hablar de otros.

X.   No codiciarás lo que es de tu prójimo.

No debemos desear lo que no es nuestro.

Éxodo 19; 20:1-17

Dios habla a los israelitas por medio de Moisés.

Padres: *"Uno solo es el dador de la ley, que puede salvar y perder"*
(Santiago 4:12).

Niños: 1. ¿Dónde estaba Dios cuando le habló a la gente?
2. ¿Cómo se llaman las diez reglas que Dios dio?
3. ¿A quién debemos amar más?

EL BECERRO DE ORO
Problemas en el campamento

Dios le dijo a Moisés que subiera al Monte Sinaí. Allí estuvo durante 40 días. En el transcurso de este tiempo, Dios le mostró cómo debía hacer un tabernáculo. Los hijos de Israel debían edificarlo como un lugar de adoración durante sus viajes. Dios también le dio a Moisés dos tablas de piedra, sobre las cuales había escrito los Diez Mandamientos con su propio dedo.

Mientras Moisés estaba en la montaña con Dios, los israelitas le pidieron a Aarón una cosa muy mala. Le dijeron:

—Háganos un dios que podamos adorar. Porque a Moisés, no sabemos qué le haya pasado.

Aarón no tenía la fuerza de carácter que tenía Moisés, así que les dijo:

—Tráiganme todos los aretes de oro que ustedes tienen. —Aarón fundió todos los aretes, y les dio la forma de un becerro. Él trajo el becerro a la gente. Ellos gritaron:

—Éstos son tus dioses, oh Israel, que te sacaron de la tierra de Egipto.

Luego Aarón edificó un altar y dijo:

—¡Mañana será día de fiesta para Jehová!

Temprano la próxima mañana, el pueblo se levantó y ofreció sacrificios al becerro. Festejaron, bebieron, y bailaron delante del ídolo.

El Señor le dijo a Moisés que se apresurara a bajar al campamento, porque el pueblo se había portado muy mal. Moisés le rogó a Dios que no destruyera al pueblo. Así que el Señor preservó a Israel y les mandó a Moisés con las tablas de piedra.

Cuando Moisés vio el becerro de oro rodeado por el pueblo en su maldad, él se sintió profundamente triste. Él quebró las dos tablas de piedra al pie del monte.

Moisés despedazó el becerro de oro, lo quemó, y lo hizo en polvo. Después echó el polvo en el agua e hizo que el pueblo tomara del agua.

Más tarde Moisés preparó otras dos tablas de piedra y Dios escribió de nuevo los Diez Mandamientos.

Éxodo 24-32

Moisés está profundamente afligido por la maldad de los israelitas.

Padres: *"Ni seáis idólatras, como algunos de ellos, según está escrito: Se sentó el pueblo a comer y a beber, y se levantó a jugar"* (1 Corintios 10:7).

Niños: 1. ¿Quién escribió los Diez Mandamientos en una piedra?
2. ¿Qué adoró el pueblo?
3. ¿Qué obligó Moisés al pueblo que tomara?

LA REBELIÓN DE AARÓN Y MARÍA
Problemas en la familia

Los israelitas acamparon junto al Monte Sinaí durante casi un año. Durante ese tiempo ellos edificaron el tabernáculo, y aprendieron las leyes de Dios.

Moisés era el líder que Dios había escogido para guiar a los hijos de Israel. Él era manso y humilde, más que cualquier otro hombre sobre la tierra.

Un día, María, la hermana de Moisés, y su hermano Aarón, empezaron a acusar a Moisés. Ellos le reclamaron porque se había casado con una mujer que no era israelita. Dijeron que Dios no sólo le había hablado a Moisés, sino a ellos también. ¿Por qué, pues, no podrían ellos también ser líderes del pueblo? ¿No había vigilado María a Moisés entre los juncos cuando éste era bebé? ¿No habían visto ellos también los milagros de Dios? Pero ahora estaban actuando como niños caprichosos.

Jehová escuchó lo que Aarón y María decían. Él bajó en una nube y les habló desde la puerta del tabernáculo: "Moisés es mi siervo obediente que hace mi voluntad, y con él hablaré directamente. ¿Por qué no tienen miedo ustedes de hablar contra Moisés?"

Entonces la columna de nube se levantó del tabernáculo porque Johová estaba muy disgustado con ellos. Después de desaparecer la nube, Aarón miró a María y vio que estaba tan blanca como la nieve con una enfermedad muy seria llamada lepra. Dios le había mandado la lepra como castigo por su maldad.

Aarón, profundamente afligido, dijo:

—Hemos pecado. —Le rogó a Moisés que los perdonara y que sanara a María. Moisés oró fervientemente a Dios por ella, y Dios escuchó su oración. Sanó a María de la lepra, pero ella fue expulsada del campamento por siete días. Pasados esos días el pueblo siguió su viaje hacia Canaán.

Números 12

Aarón y María acusan a Moisés.

Padres: *"He aquí el ojo de Jehová sobre los que le temen, sobre los que esperan en su misericordia"* (Salmo 33:18).

Niños: 1. ¿Estuvo disgustado Dios con las quejas de Aarón y María?

2. ¿Dónde estaba Dios cuando les habló a Aarón y a María?

3. ¿Cómo castigó Dios a María?

TEMEROSOS DE LOS GIGANTES
Caleb y Josué creen a Dios

Los israelitas habían llegado cerca de la tierra de Canaán, a un lugar llamado desierto de Parán. Esperaban que pronto iban a entrar en la tierra que sería su hogar. Dios le dijo a Moisés que enviara a 12 espías para que reconocieran la tierra.

Después de 40 días, los espías regresaron al campamento. Traían un gran racimo de uvas. Era tan grande que tenían que llevarlo entre dos hombres. Ellos dijeron al pueblo:

—Encontramos que es una tierra muy buena, con pasto para nuestros rebaños y con abundante agua. Vimos campos para sembrar granos y muchos árboles con frutas. Pero también vimos que la gente allí es muy fuerte. Tiene ciudades con grandes muros. Algunos de los hombres son gigantes, tan grandes que nosotros parecíamos como langostas junto a ellos.

Caleb, uno de los espías, dijo:

—Todo eso es cierto, pero no debemos tener miedo de subir y tomar la tierra. Dios está a nuestro lado y él nos ayudará a vencerlos.

Pero todos los demás espías, menos Josué, dijeron:

—No, de nada sirve ir. Nosotros nunca podremos tomar aquellas ciudades amuralladas, ni vencer a los gigantes.

Ellos ya se habían olvidado de la manera milagrosa en que Dios los sacó de Egipto. Se habían olvidado de cómo Dios los protegió en el desierto, de cómo les dio agua de una roca, maná del cielo, y de cómo les dio su ley desde el monte.

La gente no durmió en toda la noche. Culparon a Moisés y a Aarón por sus problemas. Dijeron:

—Ojalá Dios nos hubiera dejado morir en Egipto. —Entonces se dijeron el uno al otro: —¡Busquémonos un nuevo líder y volvámonos a Egipto!

Pero Jehová le dijo a Moisés: "¡Hasta cuándo me desobedecerá y me despreciará este pueblo! Ninguno de ellos que haya murmurado entrará en la tierra prometida. Ninguno que sea mayor de 20 años entrará excepto Josué y Caleb, porque ellos siempre me han sido fieles."

Números 13; 14:1-38

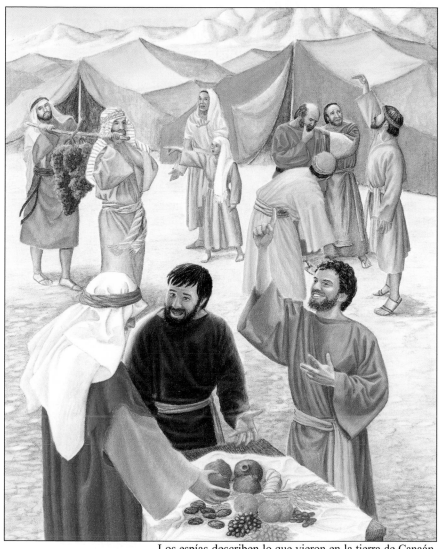

Los espías describen lo que vieron en la tierra de Canaán.

Padres: *"En cuanto a Dios, perfecto es su camino, y acrisolada la palabra de Jehová; escudo es a todos los que en él esperan"* (Salmo 18:30).

Niños: 1. ¿Qué trajeron los espías al volver de Canaán?
2. ¿Por qué tenían miedo los israelitas de ir a Canaán?
3. ¿Cuáles fueron los dos espías fieles?

LA SERPIENTE DE BRONCE
La mirada de fe

Después de muchos años, los israelitas trataron otra vez de entrar a la tierra de Canaán y buscaron una ruta a través del país de Edom. Moisés envió mensajeros al rey de Edom, diciéndole:

—Por favor déjanos pasar por su país. Pasaremos por el camino sin desviarnos ni a la derecha ni a la izquierda. No beberemos agua de sus pozos a menos que paguemos por el agua que usemos.

Pero el rey de Edom no quiso. Por esta razón los israelitas tuvieron que rodear la tierra de Edom.

Mientras rodeaban la tierra de Edom, el pueblo otra vez empezó a quejarse contra Moisés. Dijeron:

—¿Por qué nos ha traído a este lugar? ¡Aquí no hay ni agua ni pan, y ya estamos cansados de este maná! ¡Cómo deseamos poder volver a Egipto!

Entonces el Señor envió serpientes venenosas entre el pueblo. Les decían "serpientes ardientes", por el ardor, la hinchazón, y la sed causada por sus mordeduras. Mucha gente murió por las mordeduras de estas serpientes.

Nuevamente el pueblo reconoció su pecado de haber hablado contra Moisés, ya que al hacer eso realmente estaban quejándose contra Dios. Confesaron su pecado y le pidieron a Moisés que orara que el Señor quitase esas serpientes.

Moisés oró por el pueblo, como lo había hecho muchas veces antes. Dios escuchó la oración de Moisés, y le dijo: "Haz una serpiente de bronce y ponla sobre una asta donde el pueblo pueda verla. Cualquiera que haya sido mordido puede mirar a la serpiente y así vivirá."

Moisés obedeció a Dios e hizo una serpiente de bronce. Cualquiera que la miraba, quedaba sanado.

Números 20:14-21; 21:4-9

La gente es sanada al mirar la serpiente de bronce.

Padres: *"Y como Moisés levantó la serpiente en el desierto, así es necesario que el Hijo del Hombre sea levantado, para que todo aquel que en él cree, no se pierda, mas tenga vida eterna"* (Juan 3:14-15).

Niños: 1. ¿Cómo castigó Dios a las personas que murmuraron?
2. ¿Qué fue lo que Moisés puso sobre una asta?
3. ¿Qué tenía que hacer la gente para ser sanada?

EL ASNA QUE HABLÓ
Balaam es detenido por un ángel

Los hijos de Israel viajaron hasta una tierra llamada Moab. El rey de ese pueblo se llamaba Balac. Él tenía miedo de los israelitas, porque era un pueblo numeroso. Él mandó a llamar al profeta Balaam para que lo maldijera. Él quería que Balaam le pidiera a Dios que mandara algún mal muy terrible sobre los israelitas.

Pero Dios le dijo a Balaam: "No maldecirás al pueblo porque es bendito". Pero Balaam amó más las riquezas y el honor. Él fue tentado a maldecir a Israel a cambio de la plata y el oro que recibiría del rey. Así fue que temprano por la mañana salió en su asna, llevando consigo a dos siervos.

Dios envió a un ángel para que se encontrara con Balaam en el camino. Balaam no podía ver al ángel con su espada desenvainada, pero el asna sí lo vio. El asna se metió en un campo al lado del camino, y Balaam la golpeó con un palo.

El ángel volvió a aparecer en un lugar donde el camino era muy angosto, entre dos muros de piedra. De nuevo el asna vio al ángel y se paró a un lado, prensando el pie de Balaam contra el muro. Enojado, Balaam volvió a golpear el asna.

Una vez más, el ángel del Señor apareció al asna en un lugar tan angosto que no podía pasar. Cuando el animal asustado cayó al suelo, Balaam se puso furioso, y volvió a golpearla con un palo.

Entonces el Señor hizo que el asna hablara y dijo:

—¿Qué he hecho que usted me ha golpeado estas tres veces?

Balaam ya estaba tan furioso que no se extrañó que el animal le estuviera hablando. Él le contestó:

—Te he golpeado porque no caminaste por donde debías. ¡Si tuviera una espada te mataría!

El asna habló de nuevo:

—¿Le he desobedecido alguna vez antes? ¿Por qué me trata tan cruelmente?

En ese momento Dios le abrió los ojos a Balaam y él pudo ver al ángel con una espada desenvainada. En seguida Balaam se echó sobre su rostro y confesó su pecado.

Números 22:1-34

El ángel de Jehová enfrenta a Balaam.

Padres: *"Han dejado el camino recto, y se han extraviado siguiendo el camino de Balaam hijo de Beor, el cual amó el premio de la maldad"* (2 Pedro 2:15).

Niños:
1. ¿Qué quería el rey que hiciera Balaam?
2. ¿Quién hizo que el asna hablara?
3. ¿Qué dijo el asna?

RAHAB Y LOS ESPÍAS
El cordón de grana

M oisés ya llegaba al fin de su vida. El Señor le dijo que subiera al Monte Nebo para mostrarle la tierra prometida. Allí murió Moisés y Dios lo sepultó. Nadie ha podido encontrar su tumba.

Después de esto Dios llamó a Josué para que fuera líder en lugar de Moisés. Un día Josué ordenó a sus oficiales:

—Díganle al pueblo que preparen comida, porque en tres días cruzaremos el Río Jordán.

Al otro lado del río estaba la ciudad de Jericó, rodeada de muros muy altos. Tenían que conquistar esa ciudad antes de poder tomar el resto de la tierra.

Josué envió a dos espías para que reconocieran la ciudad de Jericó. Ellos llegaron a la casa de una mujer llamada Rahab. Ella escondió a los espías para que nadie les hiciera daño.

El rey de Jericó se dio cuenta de que los hombres extranjeros se habían refugiado en la casa de Rahab. Envió oficiales para que los apresaran. Pero no pudieron hallar a los espías porque Rahab los había escondido debajo de unos manojos de lino que tenía en el techo.

Después que los oficiales se habían ido, Rahab les dijo a espías:

—Todos en este país sabemos que su Dios es poderoso y terrible, y que él les ha dado esta tierra. Nosotros escuchamos cómo secó el Mar Rojo, y cómo los guió a ustedes a través del desierto, dándoles victoria sobre sus enemigos. Por eso, la gente les tiene miedo. Ahora —dijo Rahab—, prométanme, en el nombre del Señor, que ustedes salvarán mi vida y la vida de toda mi familia cuando vengan para tomar la ciudad.

Los espías respondieron:

—Nuestras vidas responderán por la tuya. Ningún daño recibirás si no cuentas a nadie el propósito de nuestra visita a esta ciudad.

La casa de Rahab estaba sobre el muro de la ciudad. Ella ató a la ventana un cordón de grana. Entonces los espías dijeron a Rahab:

—Cuando nuestros hombres vengan, debes tener este cordón de grana colgando de la ventana. Así ellos no te harán ningún daño.

Esa noche, los dos espías bajaron por la cuerda. Ellos regresaron al campamento, y le contaron todo lo que habían visto.

Deuteronomio 34; Josué 1-2

Rahab ayuda a los dos espías a escapar de Jericó.

Padres: *"Mantengamos firme, sin fluctuar, la profesión de nuestra esperanza, porque fiel es el que prometió"* (Hebreos 10:23).

Niños:

1. ¿Quién sepultó a Moisés cuando murió? ¿Quién fue el nuevo líder de Israel?
2. ¿En cuál ciudad vivía Rahab?
3. ¿Qué colgó Rahab de la ventana? ¿Por qué?

JERICÓ
Ciudad conquistada sin batalla

Después que los dos espías habían regresado de Jericó al campamento de Israel, Josué le ordenó al pueblo que recogieran sus tiendas y las empacaran. Y les dijo:

—Reúnan sus rebaños y sus ganados, y estén listos para marchar.

Después que Josué dio la orden, primero los sacerdotes y detrás de ellos el resto del pueblo, marcharon hacia el Río Jordán. El río estaba muy crecido y la corriente era fuerte durante ese tiempo del año.

Josué les dijo a los sacerdotes:

—Ahora, metan sus pies en el agua. —Al hacerlo, algo maravilloso sucedió. Cuando los pies de los sacerdotes tocaron el agua, el río dejó de correr. Río arriba, el agua se detuvo, y río abajo el agua continuó corriendo hasta dejar un lugar seco para que el pueblo cruzara.

Al fin los hijos de Israel estaban a salvo en la tierra que Dios les había prometido hacía más de 500 años.

Después Dios le dijo a Josué cómo debían tomar la ciudad de Jericó. El ejército israelita marchó alrededor de los muros de Jericó una vez al día durante seis días.

El séptimo día, ellos se levantaron muy temprano. Pero ese día, siguieron marchando hasta que habían rodeado la ciudad siete veces. Al pasar frente a una ventana, vieron un cordón de grana. Ellos reconocieron que era la casa de Rahab, la que había salvado la vida de los dos espías.

Cuando dieron la séptima vuelta, todos se detuvieron. Por un momento todo se quedó en silencio hasta que los sacerdotes tocaron las trompetas. Entonces oyeron la voz de Josué que resonaba, diciendo: "¡Griten, porque el Señor nos ha dado la ciudad!"

Todo el pueblo gritó, y los muros temblaron y se derrumbaron.

Así fue como Dios les entregó a los israelitas la ciudad de Jericó. Pero Rahab y su familia se salvaron porque ella había tenido fe en el Dios de Israel.

Josué 3-6

Los muros de Jericó se desmoronan y caen.

Padres: *"Por la fe cayeron los muros de Jericó"* (Hebreos 11:30).

Niños: 1. ¿Cómo cruzaron los israelitas el Río Jordán?

2. ¿Quién le dijo a Josué lo que tenía que hacer para conquistar a Jericó?

3. ¿Cuántas veces marcharon los israelitas alrededor de Jericó?

GEDEÓN
Llamado a libertar a su nación

Después de todo lo que Dios había hecho por los israelitas y después que Israel había prometido servirle fielmente, nadie hubiera creído que tan pronto se volverían a los ídolos. Pero así fue. Otra vez el pueblo se olvidó de Dios. Empezó a adorar a los dioses de Canaán.

Según lo que sabemos, en ese tiempo Israel era el único pueblo en todo el mundo que no adoraba imágenes de madera y de piedra. Cuando el pueblo empezó a rechazar a Dios y a adorar a los ídolos, Dios lo entregó a sufrimiento. Él permitió que los madianitas gobernaran sobre ellos. Los madianitas los trataron severamente. Entonces los israelitas clamaron a Dios por ayuda.

Un día Gedeón estaba sacudiendo trigo en un lugar secreto para que los madianitas no se lo robaran. De repente, él vio a un ángel debajo de una encina. El ángel le dijo:

—Eres un hombre valiente, Gedeón, y Jehová está contigo. Ten valor y ve a salvar a tu pueblo del poder de los madianitas.

Gedeón le respondió al ángel:

—Señor, ¿cómo puedo yo salvar a Israel? Mi familia es pobre y yo soy el más pequeño en la casa de mi padre.

Gedeón comprendió que era Dios en forma de un ángel que le estaba hablando. Trajo una ofrenda y la puso sobre una piedra. El ángel tocó la ofrenda con su vara. Al instante subió fuego, y consumió la ofrenda. El ángel desapareció y Gedeón tuvo miedo. Pero Dios le dijo: "Paz sea contigo, Gedeón. No tengas miedo, porque yo estaré contigo."

Dios también le dijo a Gedeón que debía libertar a su pueblo de la adoración a los ídolos, antes de liberarlos de los madianitas. Esa noche, Gedeón salió con diez hombres. Destruyeron la imagen de Baal. En el lugar de la imagen, él edificó un altar al Dios de Israel.

Jueces 6:1-27

Gedeón presenta una ofrenda al ángel de Dios.

Padres: *"E invócame en el día de la angustia; te libraré, y tú me honrarás"* (Salmo 50:15).

Niños:
1. ¿Se acordaban los israelitas siempre de Dios?
2. ¿Qué le dijo el ángel a Gedeón que debía hacer?
3. ¿Era valiente Gedeón?

UN EJÉRCITO PARA GEDEÓN
Trescientos vencedores escogidos

Gedeón era un hombre de fe. Él quería asegurarse de que estaba en la voluntad de Dios. Así que oró a Dios, pidiéndole su dirección especial para pelear contra los madianitas.

Johová le dijo a Gedeón: "El ejército que reuniste es demasiado grande. Envía a sus hogares a todos los hombres que tienen miedo." Cuando Gedeón se lo dijo a los israelitas, 22.000 hombres regresaron, quedando solamente 10.000.

Pero Jehová le dijo a Gedeón: "Todavía tienes demasiada gente. Lleva los soldados al río y allí te mostraré cómo seleccionar a los hombres que necesitas."

Cuando los hombres estuvieron a la orilla del río, Gedeón notó cómo bebían el agua. La mayoría de los hombres se arrodillaron para beber. Pero otros no se detuvieron para beber mucha agua. Más bien, llevaron el agua a la boca con la mano.

Jehová le dijo a Gedeón: "Aparta a los hombres que lamieron el agua. Yo he escogido a esos 300 hombres para libertar a Israel. Ellos son hombres vigilantes, listos para enfrentar al enemigo."

Gedeón vio a los madianitas esparcidos a lo largo de todo el valle como multitudes de langostas. Esperó hasta que anocheciera. Entonces le dio a cada hombre una trompeta y un cántaro vacío con una lámpara encendida adentro.

Gedeón les dijo a todos los hombres que gritaran: "¡Por la espada de Jehová y de Gedeón!" Ellos sonaron las trompetas y gritaron, quebrando los cántaros que tenían en sus manos.

Los madianitas se despertaron y se vieron rodeados de luces. Con gran terror empezaron a huir, chocando uno contra otro en su pánico.

Así fue como Gedeón, con sus 300 hombres, ganó milagrosamente la batalla.

Jueces 6:36-40; 7

El Señor le muestra a Gedeón cuáles hombres debe escoger para su ejército.

Padres: *"Mejor es confiar en Jehová que confiar en el hombre"* (Salmo 118:8).

Niños:
1. ¿Cuántos hombres necesitaba Gedeón para ganar la batalla?
2. ¿Cómo escogió Gedeón a los hombres?
3. ¿Qué hizo el ejército después de sonar las trompetas?

SANSÓN
El hombre más fuerte

Muchos años después de Gedeón, el pueblo de Israel volvió a adorar a ídolos. Para corregirlos, Dios permitió que sus enemigos, los filisteos, gobernaran sobre ellos. Pero Manoa, un hombre israelita, y su esposa temían a Jehová. Ellos no tenían hijos. Un día un ángel vino a la mujer y le dijo: "Vas a tener un hijo. Cuando él crezca, salvará a Israel de los filisteos."

El niño nació, y le pusieron por nombre Sansón. Él creció y llegó a ser el hombre más fuerte que jamás ha vivido. Él era fuerte mientras obedecía los mandatos de Dios de no beber vino ni cortarse el cabello.

Un día un león joven lo atacó, pero Sansón no tuvo miedo. Él agarró al león y lo mató sin tener nada en sus manos.

En otra ocasión, cuando Sansón estaba en la ciudad de Gaza, los filisteos cerraron el gran portón de la ciudad. Dijeron:

—¡Ahora sí lo agarramos! —Pero esa noche, Sansón arrancó el inmenso portón y lo llevó hasta la cima de una colina.

Después de un tiempo, Sansón se enamoró de Dalila, una mujer filistea. Los filisteos le ofrecieron dinero a Dalila para que averiguara qué era lo que hacía tan fuerte a Sansón. Por muchos días ella le rogó que le dijera cuál era su secreto. Al fin, Sansón le contó todo a esa mala mujer. Le dijo:

—Si me cortan el cabello, Dios me quitará la fuerza. —Mientras Sansón dormía, los filisteos llegaron y le cortaron el cabello. Luego lo echaron a la cárcel y le sacaron los ojos.

Después de un tiempo, cuando el cabello de Sansón había vuelto a crecer, muchos filisteos se reunieron en el templo de su dios para celebrar una gran fiesta. Ellos sacaron a Sansón de la cárcel para burlarse de él. Sansón le pidió al joven que le guiaba que lo llevara hasta las dos grandes columnas que sostenían la casa. Él oró a Jehová, pidiéndole fuerzas. Luego quebró las columnas y todo el templo se vino al suelo. Así mató a más de 3.000 hombres y mujeres. Sansón también murió.

Pero Sansón había hecho un último trabajo para Dios. Por 20 años él había librado al pueblo de Dios de sus enemigos.

Jueces 13-16

Sansón destruye el templo filisteo.

Padres: *"En Dios haremos proezas, y él hollará a nuestros enemigos"* (Salmo 108:13).

Niños:
1. ¿Qué animal salvaje mató Sansón con sus manos?
2. ¿Cómo perdió Sansón su fuerza?
3. ¿Cómo mató Sansón a los filisteos ? ¿Quién le dio tal fuerza?

RUT
Tu Dios será mi Dios

E n las historias pasadas hemos visto la obediencia de Josué, el valor de Gedeón, y la fuerza de Sansón. Ahora veremos la historia más bella de todas. Aconteció durante el tiempo en que los jueces gobernaban en Israel. Es la historia de una joven llamada Rut. Rut vivía en el país de Moab, donde la gente adoraba a los ídolos.

Mientras tanto, en Belén de Judá, vivía un hombre llamado Elimelec. Su esposa se llamaba Noemí, y sus dos hijos eran Mahlón y Quelión. Durante varios años las cosechas fueron malas y la comida comenzó a escasear. Así que Elimelec llevó a su familia a Moab.

Elimelec pensó volver a Judá después de un tiempo, pero él murió mientras aún vivía en Moab. Sus dos hijos se casaron con mujeres moabitas. El nombre de una era Orfa y el de la otra, Rut. Los dos hijos de Noemí también murieron, dejando viudas a Noemí y a sus dos nueras.

Después de diez años de vivir en Moab, Noemí oyó que Dios otra vez había dado una buena cosecha en Judá. Así que ella se preparó para regresar a Belén. Sus dos nueras la amaban y querían ir con ella.

Noemí les dijo:

—Regresen al hogar de sus madres y que el Señor haga misericordia con ustedes. —Luego Noemí les dio un beso de despedida y las tres mujeres lloraron juntas.

Las dos viudas jóvenes dijeron:

—Usted ha sido una buena madre con nosotras; iremos con usted y viviremos entre su gente.

—No, no —dijo Noemí—, ustedes son jóvenes y yo soy vieja. Regresen y sean felices entre su propia gente.

Luego Orfa besó a Noemí y regresó a su pueblo. Pero Rut rehusó dejarla. Dijo:

—No me pida que regrese, porque nunca le voy a dejar. Donde usted vaya, iré yo. Su pueblo será mi pueblo y su Dios será mi Dios. Sólo la muerte podrá separarnos.

Cuando Noemí vio que Rut no iba a cambiar de parecer, dejó de insistir. Y las dos comenzaron juntas el viaje hacia Belén.

Rut 1:1-18

Orfa regresa a su pueblo, pero Rut rehusa dejar a Noemí.

Padres: *"...pero yo y mi casa serviremos a Jehová"* (Josué 24:15).

Niños: 1. ¿A dónde se fue Orfa después que besó a Noemí?
2. ¿Qué le dijo Rut a Noemí?
3. ¿A cuál ciudad se fueron Noemí y Rut?

RECOMPENSAS PARA RUT
La bisabuela del rey David

Cuando Noemí y Rut llegaron a Belén, los amigos de Noemí estaban muy contentos de verla de nuevo. Como ya empezaba la cosecha de la cebada, Rut quería ir a los campos y recoger espigas que dejaban los segadores. Ese grano sería la comida de Noemí y de ella, ya que eran muy pobres. Rut llegó al campo de Booz, un pariente de Noemí. Él era un hombre adinerado y bien conocido en Belén.

Ese día Booz vino de la ciudad para ver la siega y les dijo a los segadores:

—El Señor esté con ustedes.

Y ellos respondieron:

—El Señor le bendiga.

Entonces Booz le preguntó al mayordomo de los siervos:

—¿Quién es aquella joven que veo en el campo?

El mayordomo contestó:

—Es la joven de Moab que vino con Noemí. Ella me rogó que la dejara recoger espigas y ha estado aquí desde la mañana.

Entonces Booz le dijo a Rut:

—Escúchame, hija mía. Yo sé lo fiel que has sido con tu suegra Noemí. Tú has dejado tu propio pueblo que adora a ídolos y has venido a Israel para servir a Jehová. Quédate aquí con mis segadores y no te vayas a ningún otro campo. Cuando tengas sed, ve y bebe de los cántaros de que toman los demás.

Entonces Rut se inclinó ante Booz, agradeciéndole por su gentileza.

Al final de la cosecha de la cebada, Booz organizó una fiesta en la era. Obedeciendo a Noemí, Rut fue y le dijo a Booz:

—Usted es pariente cercano de mi esposo y de su padre, Elimelec. ¿No nos harás bien a causa de él?

Cuando Booz vio a Rut, la amó. Poco después él se casó con ella. Ellos después tuvieron un hijo. Le pusieron por nombre Obed.

Después Obed tuvo un hijo al cual llamó Isaí. Isaí fue el padre del rey David. Después de muchas generaciones, Jesús, el Rey de reyes y Salvador del mundo, nació en ese linaje. Así es como Rut, la joven de Moab que escogió al pueblo y al Dios de Israel, llegó a ser la "Madre de reyes".

Rut 1:19-22; 2; 3; 4

Rut recoge espigas en el campo de Booz.

Padres: *"Mis ojos pondré en los fieles de la tierra..."*
(Salmo 101:6).

Niños:
1. ¿En el campo de quién recogía Rut espigas?
2. ¿Qué clase de grano estaban cosechando?
3. ¿Cómo se llamó el bisnieto de Rut?

SAMUEL
El muchacho ofrecido a Dios

Un nuevo juez llamado Elí gobernó a Israel. Él también era sacerdote en el tabernáculo, donde el pueblo venía a adorar.

Como a 24 kilómetros del tabernáculo vivía un hombre que se llamaba Elcana. Él tenía dos esposas, como era la costumbre de muchos hombres en aquel tiempo. Una de ellas tenía hijos, pero la otra esposa, que se llamaba Ana, no podía tener hijos.

Un día en el templo, Ana derramó su corazón ante Dios en oración. Dijo: "Oh Dios, si tú me das un hijo, yo te lo devolveré a ti".

Dios escuchó la oración de Ana y le dio un hijo. Ella le puso por nombre Samuel, que quiere decir: "pedido a Dios". Mientras el niño aún era pequeño, Ana lo llevó al sacerdote Elí y le dijo:

—Mi señor, yo soy la mujer que vino aquí a orar. Le pedí a Dios por este niño. Déjelo aquí con usted, para que él se críe en la casa de Dios.

Conforme Samuel crecía, ayudaba a Elí más y más en el trabajo de la casa de Dios. Él encendía las lámparas y abría las puertas. Preparaba el incienso y servía a Elí, que estaba ya viejo y casi ciego.

Los hijos de Israel anhelaban el tiempo en que Dios hablara nuevamente a su pueblo. Ellos recordaban cómo Dios le había hablado a Moisés, a Josué, y a Gedeón.

Cuando Samuel creció, empezó a viajar entre los israelitas como profeta. Él llevaba la palabra de Dios a todas partes. Su mensaje era: "Si ustedes se vuelven a Dios de todo corazón y quitan los dioses falsos, Dios los libertará de los filisteos".

El pueblo obedeció a Samuel y quitaron las imágenes de Baal. La próxima vez que los filisteos subieron contra Israel, Samuel oró. Dios contestó su oración, causándoles temor a los filisteos por medio de una gran tormenta con rayos y truenos.

Samuel dirigió a Israel durante muchos años. El pueblo confiaba en él porque gobernaba sabiamente y con justicia.

1 Samuel 1; 2; 3; 7

Samuel es traído al sacerdote Elí en el templo.

Padres: *"Porque Jehová conoce el camino de los justos; mas la senda de los malos perecerá"* (Salmo 1:6).

Niños: 1. ¿Cómo se llamaba el sacerdote?

2. ¿Qué pidió Ana en su oración?

3. ¿Qué hacía Samuel cuando llegó a ser hombre?

ISRAEL PIDE UN REY
La advertencia de Dios es desatendida

El sabio profeta Samuel ya había envejecido. Los ancianos de Israel vinieron a su hogar y dijeron:

—Usted ya es viejo, y sus hijos no gobiernan bien. Escójanos un rey así como tienen todos los demás países.

Esta demanda disgustó a Samuel porque Israel ya tenía un Rey, Jehová Dios. ¿Qué más querían? Cuando Samuel oró fervientemente, el Señor le dijo: "Concédele al pueblo su petición. Ellos no te han rechazado a ti, sino que me han rechazado a mí, para que no gobierne sobre ellos. Ve y adviértelos de la servidumbre que sufrirán a causa de su rey."

Samuel les dijo a los hombres de Israel:

—Su rey se llevará a sus hijos para ser soldados y jinetes y para que fabriquen armas de guerra. También se llevará a sus hijas para que hagan perfumes, para que cocinen, y para que horneen panes en el palacio. Lo mejor de sus campos, sus viñedos, y sus olivares tomará para sus siervos. Él tomará la décima parte de sus ovejas. Ustedes clamarán a causa de la dureza de su servidumbre, pero Jehová no los escuchará.

Aun así el pueblo dijo:

—Queremos un rey para ser iguales a todas las demás naciones.

Ellos querían ser un pueblo grande, fuerte en la guerra. Querían poseer riquezas y poder. Pero Dios quería que Israel fuera un pueblo tranquilo y pacífico. Él quería que su pueblo viviera sencillamente y que le sirviera a él sin tratar de conquistar a otras naciones.

Samuel, pues, envió a la gente a sus hogares, prometiéndoles que les daría un rey. ¿Cómo encontraría Samuel un rey? ¿Qué clase de persona buscaría? ¿Quién le ayudaría a encontrarlo?

1 Samuel 8

Los ancianos de Israel demandan que Samuel les dé un rey.

Padres: *"Sino que desechasteis todo consejo mío y mi reprensión no quisisteis"* (Proverbios 1:25).

Niños:

1. ¿Se agradó Dios cuando los hijos de Israel pidieron un rey?
2. ¿Qué les dijo Dios que les haría el rey?
3. ¿Cómo quería Dios que viviera el pueblo de Israel?

SAÚL ES UNGIDO
El primer rey de Israel

Saúl, un joven alto y hermoso, era de la tribu de Benjamín. Él vivió en el tiempo cuando los israelitas pidieron un rey. Su padre, Cis, era un hombre adinerado y muy poderoso.

Un día se perdieron algunas asnas, por lo que Cis envió a Saúl con un siervo para que las buscara. Después de haber viajado mucho y haber buscado durante varios días, Saúl se dio por vencido. Él le dijo a su siervo:

—Volvamos a la casa, pues mi padre debe de estar preocupado por nosotros.

El siervo le dijo:

—En la próxima ciudad vive un profeta llamado Samuel, cuyas palabras son verdad. Tal vez él nos pueda decir dónde podemos encontrar las asnas.

Mientras subían la colina que daba a la ciudad, unas doncellas les dijeron que el profeta había llegado a la ciudad ese mismo día. Ellos se encontraron con Samuel en la puerta de la ciudad, pero no sabían que era él. Saúl le preguntó:

—¿Pudiera usted decirme dónde está la casa del profeta?

Samuel le respondió:

—Yo soy el profeta. Vengan conmigo, porque esta noche haremos una ofrenda y una fiesta en sacrificio a Dios. No se preocupen por las asnas perdidas, porque ya las hallaron. —Esa noche, en la fiesta, Saúl fue honrado como visita especial.

A la mañana siguiente, Samuel tomó una vasija con aceite y ungió a Saúl, diciendo:

—El Señor te ha ungido para que seas rey sobre Israel. Ve ahora y haz todo lo que Dios te mande.

Cuando Saúl dio la vuelta para marcharse, Dios le dio un nuevo corazón. El Espíritu del Señor bendijo a Saúl con un verdadero deseo de vivir para otros sin egoísmo y de servir a Dios fielmente.

Después de un tiempo, Samuel reunió a todo el pueblo de Israel. Era una reunión pública para coronar a Saúl como el primer rey de Israel.

De esta manera, Dios cumplió su plan para la vida de Saúl. Lo llevó de buscar las asnas perdidas de su padre a gobernar como rey sobre Israel.

1 Samuel 9-10

Samuel unge a Saúl para ser rey.

Padres: *"Vendré a los hechos poderosos de Jehová el Señor"*
(Salmo 71:16).

Niños: 1. ¿Qué clase de animales se habían perdido?
2. ¿Quién llegó a ser el primer rey de Israel?
3. ¿A quién le dio Dios un nuevo corazón?

DAVID, EL JOVEN PASTOR
Dios busca un nuevo rey

E l rey Saúl obedeció a Dios por algún tiempo, pero después se rebeló contra él. Entonces Dios le dijo al profeta Samuel: "He desechado a Saúl para que ya no sea rey. Voy a poner a un rey que obedezca mis mandatos."

Samuel se puso muy triste. Él lloró por Saúl.

"No llores más por Saúl," le dijo Dios a Samuel. "Llena tu cuerno con aceite. Ve a Belén y busca a un hombre llamado Isaí. Yo he escogido a uno de sus hijos para que sea rey."

Samuel fue a Belén y preparó un sacrificio. Él invitó a Isaí y a sus hijos a la celebración. Cuando ellos llegaron, Samuel miró detenidamente a cada uno de los hijos de Isaí. Eliab, el mayor, era tan alto y de tan buen parecer, que Samuel pensó: *Este joven tiene que ser el que Dios ha escogido.*

Pero Dios le dijo a Samuel: "No te fijes en su parecer o en su estatura, porque yo no lo he escogido. El hombre mira lo que está delante de sus ojos, pero Jehová mira el corazón."

Habiendo pasado los siete hijos de Isaí, Samuel dijo:

—Dios no ha escogido a ninguno de ellos. ¿Son éstos todos los hijos que tienes?

—Hay uno más —le contestó Isaí—. Está en el campo, cuidando las ovejas.

—Envía por él —le dijo Samuel—, porque no nos sentaremos hasta que él venga. —Poco después, llegó el joven. Su nombre era David, que significa "amado". Él era un joven muy valiente. Él había matado un león y un oso que trataron de arrebatar un cordero del rebaño. David, de ojos brillantes y cara alegre, era de buen parecer. Dios le dijo a Samuel: "Levántate y úngelo. Él es el que yo he escogido para que sea rey."

Desde ese día, David recibió el Espíritu Santo para cumplir con el trabajo a lo que había sido llamado. El Espíritu Santo le ayudó a ser sabio y fiel, un hombre conforme al corazón de Dios.

1 Samuel 15; 16:1-13

David cuida su rebaño.

Padres: *"...no hay autoridad sino de parte de Dios, y las que hay, por Dios han sido establecidas"* (Romanos 13:1).

Niños:
1. ¿Por qué rechazó Dios a Saúl como rey?
2. ¿En qué ayudaba David a su padre?
3. ¿A quién escogió Dios para ser el próximo rey?

DAVID Y GOLIAT
Victoria sobre el gigante

Los filisteos otra vez se reunieron para pelear contra los israelitas. Los dos ejércitos acamparon en dos colinas, un ejército frente al otro. Cada día salía un gigante del campamento filisteo. Les decía a los israelitas que enviaran un hombre a pelear contra él. El gigante, cuyo nombre era Goliat, medía casi tres metros de altura. Estaba cubierto con una armadura pesada y tenía armas relucientes y filosas.

Mientras tanto, el padre de David había enviado a su hijo al campamento israelita con comida para sus tres hermanos que estaban en el ejército. Aún estaba él hablando con ellos, cuando la voz de Goliat se escuchó resonar por el pequeño valle.

—Yo soy un filisteo y ustedes son siervos de Saúl. Escojan a uno de sus hombres para que venga a pelear conmigo. Si yo lo mato, ustedes serán nuestros siervos. Pero si él me mata, nosotros seremos sus siervos. ¡Vamos, manden al hombre!

David, al escuchar eso, preguntó:

—¿Quién es ese hombre que se atreve a desafiar a los ejércitos del Dios viviente? Yo pelearé contra ese enemigo.

Saúl escuchó las palabras de David. Él lo mandó a llamar y le dijo:

—Tú no puedes pelear. Eres muy joven y aquel hombre ha sido entrenado en la guerra desde su juventud.

—El Dios que me ayudó a matar un león y un oso, me dará la victoria sobre aquel gigante —insistió David.

Saúl le ofreció a David su armadura, pero era demasiado grande e incómoda para él. David sólo buscó cinco piedras lisas del arroyo. Con su honda, se adelantó para pelear contra Goliat.

Goliat se sintió ofendido al ver que un muchacho, casi sin armas, se atreviera a retarlo. Él le dijo:

—¿Acaso soy un perro para que vengas a mí con palos?

—Usted viene a mí con espada y lanza y jabalina —respondió David—, pero yo vengo a usted en el nombre de Jehová de los ejércitos. —Antes que Goliat pudiera golpearlo, David lanzó una piedra con la honda y lo derribó. Luego sacó la espada de Goliat y le cortó la cabeza. Los filisteos, cuando vieron a su guerrero muerto, salieron huyendo. Por medio de la confianza de David en Dios y su valentía, los israelitas lograron una gran victoria.

1 Samuel 17

David vence al gigante en el nombre del Señor.

Padres: *"Se complace Jehová en los que le temen, y en los que esperan en su misericordia"* (Salmo 147:11)

Niños:
1. ¿Cómo se llamaba el gigante?
2. ¿Qué usó David para matar a Goliat?
3. ¿Quién le dio a David tanto valor?

DAVID SE CONDUCE SABIAMENTE
Saúl tiene celos

L a victoria de David sobre Goliat fue algo muy importante en su vida. Después de esto, él nunca más volvió a pastorear las ovejas de su padre. El rey Saúl se lo llevó a su casa y lo hizo oficial en su ejército. David fue tan sabio y valiente en el ejército, como lo fue cuando enfrentó al gigante. Pronto estuvo a cargo de 1.000 soldados. Todos lo querían, tanto en la casa de Saúl como en su campamento. David tenía un espíritu que ganaba el corazón de todos.

Cuando David regresaba de la gran batalla en que mató a Goliat, las mujeres de Israel salieron gozosas de la ciudad a recibirlo. Mientras danzaban, cantaban, y tocaban música, diciendo: "¡Saúl mató a sus miles, y David a sus diez miles!"

Saúl se puso muy celoso y enojado por eso. Estaba muy deprimido cada vez que se imaginaba que David le quitaría el reino. Anteriormente, cuando Saúl estaba muy triste, David cantaba y tocaba el arpa, haciendo que Saúl se sintiera mejor. Pero ahora, en su demencia, él no quería escuchar la voz de David. Dos veces le arrojó una lanza. Pero David la evadió, haciéndose a un lado para que la lanza diera contra en la pared.

Saúl decidió enviar a David a misiones peligrosas de guerra, esperando que los filisteos lo mataran. Una vez le dijo a David:

—Te daré a mi hija mayor, Merab, por esposa si peleas contra los filisteos por mí. —Pero este plan no funcionó porque Saúl no guardó su palabra y dio su hija a otro hombre.

Entonces Saúl se dio cuenta que otra de sus hijas amaba a David. Él prometió que David podría casarse con ella si matara a 100 filisteos. Otra vez, Saúl esperaba que lo mataran en la batalla. Pero una vez más, David regresó victorioso, y aun más amado por su pueblo.

1 Samuel 18:5-30

Saúl tiene celos de David e intenta matarlo.

Padres: *"Bendecirá a los que temen a Jehová, a pequeños y a grandes"* (Salmo 115:13).

Niños:
1. ¿Por qué la gente amaba tanto a David?
2. ¿Qué cantaban las mujeres que enojó tanto a Saúl?
3. ¿Qué arrojó Saúl contra David?

JONATÁN Y DAVID
Dos amigos inseparables

Saúl sabía que David se había ganado el corazón del pueblo. Por eso les pidió a sus siervos y a su hijo Jonatán que le ayudaran a deshacerse de David. Pero Jonatán amaba mucho a David porque había visto su valentía y su nobleza.

Un día Jonatán y David salieron al campo. Jonatán se quitó su túnica real, su espada, y su arco, y cariñosamente se los dio a David. Él estaba muy triste de que su padre odiara a David.

Sin embargo, a veces Saúl se mostraba amigable con David. Jonatán y David decidieron probar a Saúl. Ellos sabían que Saúl esperaba que David llegaría a una fiesta que estaban por celebrar. Jonatán le dijo a David:

—No te acerques a la mesa del rey por algunos días, y yo averiguaré cómo se siente él en cuanto a ti. Después de tres días, volveré aquí con mi arco. Lanzaré tres flechas y luego enviaré al criado cerca de tu escondite. Si yo le digo al niño: "Corre, busca las flechas. Están más acá de ti", entonces podrás venir sin ningún temor. Pero si digo: "Las flechas están más allá de ti", quiere decir que tu vida está en peligro. Debes seguir escondiéndote del rey. —Entonces Jonatán y David se prometieron el uno al otro que ellos, sus hijos, y los hijos de sus hijos, serían amigos para siempre.

En la fiesta Saúl le preguntó a Jonatán:

—¿Por qué no está David aquí? —Cuando Jonatán empezó a excusarse por David, Saúl se enojó tanto que trató de matar a su propio hijo con una lanza.

Al siguiente día, Jonatán lanzó las flechas como lo habían planeado. Le gritó al muchacho:

—La flecha está más allá de ti. Corre, date prisa.

Después que el muchacho se había ido, David salió de su escondite y corrió hacia Jonatán. Se abrazaron, se besaron, y lloraron juntos. Ahora David sabía que debía dejar su hogar, su esposa, su familia, y sus amigos para huir de la demencia del rey Saúl. Luego Jonatán regresó a la casa de su padre, y David buscó un lugar seguro donde esconderse. Dios protegió a David del rey Saúl y éste nunca logró hacerle daño alguno.

1 Samuel 18:1-4; 19; 20

Jonatán le advierte a David que no regresara al palacio.

Padres: *"Jehová guarda a todos los que le aman, mas destruirá a todos los impíos"* (Salmo 145:20).

Niños:
1. ¿Quién era el padre de Jonatán?
2. ¿Cómo le mostró Jonatán a David que tendría que huir?
3. ¿Por qué David tenía que dejar su hogar y a sus amigos?

EL REY SALOMÓN
Salomón escoge la sabiduría

David llegó a ser rey después de la muerte de Saúl y gobernó a Israel sabiamente por 40 años. Después el hijo de David, Salomón, llegó a ser rey. Era un joven de apenas 20 años. Salomón temía a Dios y se apartaba del mal.

Una noche Dios le dijo a Salomón: "Pide lo que quieras que yo te dé". Salomón le pidió sabiduría y entendimiento para guiar al pueblo. Su petición le agradó a Dios, y él se la concedió.

El rey Salomón pronto fue puesto a prueba. Dos mujeres vinieron a él con sus bebés. Un bebé estaba muerto y el otro estaba vivo. Ambas mujeres querían al bebé vivo, diciendo que era suyo. Una de ellas dijo:

—El bebé de esa mujer murió durante la noche porque ella se acostó sobre él. Entonces puso a su bebé muerto al lado mío mientras yo dormía, y se llevó a mi bebé.

—Eso no es cierto —decía la otra mujer—. El bebé muerto es de ella y el vivo es mío.

El joven rey escuchó a las dos mujeres. Después ordenó:

—Traigan una espada. —Cuando le trajeron la espada, el rey Salomón dijo:

—Corten al bebé vivo en dos y denle una mitad a cada mujer.

—¡Oh señor mío, dele a ella el bebé vivo! ¡No lo mate! —gritó la primera mujer.

Pero la otra mujer dijo:

—Que ninguna de nosotras tenga al bebé. ¡Córtenlo en dos!

Entonces Salomón ordenó:

—Denle al bebé vivo a la mujer que se compadeció de él, porque ella es su madre.

Cuando los israelitas escucharon de este suceso, se maravillaron del buen discernimiento del joven rey. Ellos vieron cómo Dios le había dado sabiduría y entendimiento al rey Salomón.

1 Reyes 1; 2; 3

El rey Salomón usa la gran sabiduría que Dios le dio.

Padres: *"Y si alguno de vosotros tiene falta de sabiduría, pídala a Dios... y le será dada"* (Santiago 1:5).

Niños: 1. ¿Cuántos años tenía Salomón cuando llegó a ser rey?
2. ¿Quién da la sabiduría a las personas?
3. ¿Cómo pudo saber Salomón quién era la madre del bebé?

UN TEMPLO PARA DIOS
Un proyecto pacífico

El trabajo más importante que Salomón hizo durante su reinado fue la edificación del templo para Dios. El lugar que se escogió para poner este bello edificio, fue el Monte Moriah en Jerusalén. El rey David había almacenado mucha madera de cedro, piedras preciosas, y lino fino para el templo.

El rey Salomón reclutó a más de 183.000 hombres para este trabajo. Esto incluía los cortadores de piedra que trabajaban en las minas en las montañas. Cada mes, mandaban a 10.000 hombres al Líbano a cortar madera. Se les designaba diferentes tareas a los extranjeros que vivían en Israel. Había 3.300 hombres principales a cargo de la obra. Antes de traer una piedra o una tabla al sitio donde estaba el templo, la cortaban con las medidas exactas. Cada pieza calzaba tan perfectamente que no se necesitaba ni de martillo, ni de serrucho, ni de ninguna herramienta en la construcción del templo. El gran edificio iba levantándose pacífica y silenciosamente.

Así también, Jesús edifica su iglesia aquí en la tierra de manera reverente y pacífica. Él hizo posible de que nosotros seamos su templo viviente, un lugar donde more el Espíritu Santo.

Después de siete años, el magnífico templo fue terminado. ¿Lo aceptaría el Señor? ¿Lo honraría con su presencia?

En el día fijado para la dedicación del templo, el rey Salomón se puso de pie frente al pueblo. El pueblo lo vio arrodillarse, extender las manos hacia el cielo, y pedir fervientemente la bendición de Dios.

Cuando Salomón terminó su oración, cayó fuego del cielo, consumiendo así el sacrificio que habían ofrecido. La gloria de Dios llenó el templo, mostrando claramente que Dios estaba complacido. El pueblo se inclinó para adorar y ensalzar a Dios, diciendo: "Porque él es bueno, para siempre es su misericordia".

1 Reyes 5-8; 2 Crónicas 2-7

El rey Salomón ora, pidiendo la bendición de Dios.

Padres: *"Yo me alegré con los que me decían: A la casa de Jehová iremos"* (Salmo 122:1).

Niños: 1. ¿Cómo se llamaba el bello edificio que Salomón edificó?
2. ¿Cuántos años duró la construcción del templo?
3. ¿Qué hicieron Salomón y el pueblo cuando se terminó la construcción?

ELÍAS
Dios cuida de su profeta

Poco después de la muerte de Salomón, otra vez los israelitas empezaron a adorar a los ídolos. Unos decían: "¡Baal es el mejor dios!" Otros decían: "¡No, Asera es más grande!" Otros aseguraban que se debía adorar en el templo de Moloc.

Dios aborrece la idolatría. Él llamó a Elías, un hombre de la tierra de Galaad, para que fuera profeta que hablase la palabra de Dios a Israel. Elías adoraba y obedecía al único Dios verdadero.

Dios se había disgustado con Acab, un rey malo de Israel. Él le dijo a Elías: "Dile a Acab que no habrá lluvia por varios años". Por eso, Acab se enojó con Elías. Entonces Dios le ordenó a Elías que huyera y se escondiera en el arroyo de Querit.

Cada mañana y cada tarde, Dios enviaba cuervos con pan y carne para Elías. Por un tiempo Elías tomaba agua del arroyo, pero pronto éste se secó por falta de lluvia. Toda la tierra de Israel fue azotada por una gran sequía.

Después Dios envió a Elías hacia el norte a la ciudad de Sarepta. Él le dijo: "Yo le he dado orden a una mujer de allí para que te cuide". Cuando Elías llegó a la puerta de la ciudad, vio a una mujer recogiendo leña. Primero él le pidió un poco de agua, y después un pedazo de pan.

La mujer le respondió:

—Vive Jehová, que no tengo pan. Sólo tengo un puñado de harina y un poco de aceite. Estoy recogiendo dos leños para hacer un fuego. Quiero cocer un pan para mi hijo y para mí, y después vamos a morir de hambre.

Elías le dijo:

—No temas; ve y haz como tú has dicho. Pero primero hazme una pequeña torta, y después haz una para ti y para tu hijo. Dios ha prometido que no te faltará ni la harina ni el aceite hasta que él haga llover de nuevo.

La viuda obedeció, creyendo la palabra de Elías. Desde ese día, la viuda y su hijo tuvieron suficiente comida. Los ángeles de Dios debían de haber disfrutado mucho de seguir llenando esas vasijas con harina y aceite.

1 Reyes 17:1-16

Dios envía cuervos para alimentar a Elías.

Padres: *"He aquí el ojo de Jehová sobre los que le temen, sobre los que esperan en su misericordia, para librar sus almas de la muerte, y para darles vida en tiempo de hambre"* (Salmo 33:18-19).

Niños: 1. ¿Por qué se escondió Elías en el desierto?
2. ¿Cómo se alimentaba Elías en el desierto?
3. ¿Cuánta harina tenía la viuda?

¿DIOS O BAAL?
Cae fuego del cielo

Después de tres años de sequía en Israel, Dios le prometió a Elías que enviaría lluvia otra vez. Jehová envió a Elías al rey Acab. Cuando Acab vio a Elías, le dijo:

—¿Eres tú el que turbas a Israel?

Elías le contestó:

—Tú eres el que turbas a Israel con tu maldad. Ahora reúne a todo Israel en el Monte Carmelo, junto con los 450 profetas de Baal. Allí el pueblo decidirá a quién servirá, si a Baal o a Dios.

Acab obedeció y llamó a todo el pueblo al Monte Carmelo. Entonces Elías dijo:

—Ustedes orarán a Baal, y yo oraré a Jehová. El dios que haga caer fuego del cielo sobre el altar, ése será el Dios verdadero. —Todo el pueblo estuvo de acuerdo.

Los profetas de Baal oraron primero. Durante toda la mañana oraron a Baal. Saltaban sobre el altar, daban gritos, y se herían a sí mismos con cuchillos hasta que la sangre les chorreaba. A mediodía, Elías comenzó a burlarse de ellos, diciendo:

—¡Griten más fuerte para que su dios los oiga! Tal vez esté hablando con alguien, o quizás salió de viaje, o aún está durmiendo. —Ellos gritaron toda la tarde, pero nadie les respondió.

Entonces Elías le dijo al pueblo:

—Acérquense. —Primero reparó el altar de Dios, el cual estaba quebrado y luego hizo una zanja alrededor. Puso leña sobre el altar. Luego cortó un buey en pedazos, y colocó las piezas sobre el altar. Después pidió que vaciaran cuatro cántaros de agua sobre la carne y la leña. Hicieron esto tres veces. Todo se empapó de agua y la zanja se llenó.

Elías elevó una pequeña oración. Inmediatamente, al terminar la oración, cayó fuego del cielo. Quemó el sacrificio y la leña, las piedras y el polvo, y aun consumió el agua que estaba en la zanja. Éste no era un fuego cualquiera.

Cuando el pueblo vio este milagro, todos se inclinaron a tierra sobre sus rostros. Dijeron: "¡Jehová es el Dios! ¡Jehová es el Dios!"

1 Reyes 18:1-39

Dios contesta la oración de Elías enviando fuego del cielo.

Padres: *"Al Señor tu Dios adorarás, y a él sólo servirás"*
(Mateo 4:10).

Niños: 1. ¿Recibieron los profetas de Baal respuesta de su dios?
2. ¿Escuchó Dios la oración de Elías?
3. ¿Qué quemó el fuego que cayó del cielo?

ELÍAS ASCIENDE AL CIELO
Un carro de fuego

E l trabajo de Elías en la tierra estaba por terminarse. Había llegado el gran día en que Elías sería llevado al cielo en un torbellino.

Elías permitió que Eliseo, el nuevo profeta, lo acompañara. En cada ciudad que pasaron, Elías le rogaba a Eliseo que se quedara allí porque Dios lo llamaba a ir más allá. Pero Eliseo siempre le respondía: "No te dejaré". Eliseo estaba decidido a seguir a Elías hasta que Dios se lo llevara al cielo.

Después de salir de Jericó, los dos hombres caminaron ocho kilómetros hasta llegar al Río Jordán. Llenos de curiosidad, 50 profetas jóvenes de Jericó los siguieron a cierta distancia. Cuando llegaron a la orilla del Jordán, Elías dobló su manto y golpeó las aguas. Al instante, las aguas se dividieron y ellos cruzaron en seco. Entonces Elías le dijo a Eliseó:

—¿Qué quieres que haga por ti antes que sea quitado de ti?

—Deme una doble porción de su espíritu —contestó Eliseo.

Elías dijo:

—Me has pedido cosa difícil. Pero si me vieres cuando yo sea quitado de ti, recibirás lo que deseas. Si no me vieres, no la recibirás.

De pronto, mientras caminaban, unos caballos de fuego con un carro de fuego pasaron en medio de Elías y Eliseo, separándolos. Un torbellino alzó a Elías y se lo llevó al cielo.

Cuando Eliseo vio lo que estaba pasando, gritó: "¡Padre mío, padre mío, carro de Israel y su gente de a caballo!" Eliseo sabía que una vez que Elías saliera de esta tierra, los israelitas habrían perdido un hombre mucho más valioso y de más poder que muchos caballos y carros. Ya no verían más a Elías.

Eliseo recogió el manto que se le había caído a Elías. Él regresó al Jordán y golpeó las aguas. Inmediatamente se dividieron como antes.

Los 50 profetas que habían estado esperando a Eliseo, vinieron y se inclinaron delante de él. Dijeron: "El espíritu de Elías ahora descansa sobre Eliseo".

2 Reyes 2:1-18

Eliseo ve a Elías ascender al cielo.

Padres: *"He peleado la buena batalla, he acabado la carrera, he guardado la fe. Por lo demás, me está guardada la corona de justicia..."* (2 Timoteo 4:7-8).

Niños:
1. ¿Qué pidió Eliseo?
2. ¿Cómo se fue Elías al cielo?
3. ¿Qué usó Eliseo para dividir las aguas?

NAAMÁN ES SANADO
La fe de una niña esclava

En el país de Siria, vivía una niña esclava que había sido llevada cautiva de su familia en Israel. Su amo, Naamán, era un gran general del ejército del rey. Pero él tenía una terrible enfermedad llamada lepra. Un día, la niña le dijo a la esposa de Naamán que él podría ser sanado si fuera al profeta en Samaria.

Naamán quería estar sano. Así que, él empezó el viaje a Samaria, llevando regalos de oro, de plata, y de ropa. Levaba también una carta de parte del rey de Siria, dirigida al rey de Israel. Decía: "El hombre que lleva esta carta es mi siervo. Deseo que tú lo sanes de su lepra." Cuando llegó a Israel, Naamán le presentó la carta al rey.

El rey de Israel se turbó mucho por la carta. Él dijo:

—¿Soy yo acaso Dios, que pueda matar y dar vida?

El profeta Eliseo oyó acerca del problema del rey y mandó a invitar a Naamán a su casa. Con su carro y sus caballos, Naamán se fue a la casa de Eliseo. Él esperó a la puerta, pero el profeta no lo invitó a entrar ni tampoco salió a recibirlo. En lugar de eso, Eliseo envió a su siervo para que le dijera a Naamán: "Ve y sumérgete siete veces en el Río Jordán y serás sanado".

Naamán se enfureció. Él creyó que por ser alguien importante, Eliseo debía haber salido a recibirlo, poniendo las manos sobre su cuerpo, y orando por él. Bien podía él pagar con muchas riquezas con tal de ser sanado; pero no le era fácil renunciar a su orgullo.

Dios vio el orgullo en el corazón de Naamán. Él quería que aprendiera a ser humilde y obediente. También quería que todos los hombres supieran que él no se fija en la grandeza humana.

Naamán estuvo a punto de regresar a su tierra como un leproso orgulloso y enojado. Pero sus siervos le dijeron:

—Si el profeta le hubiera pedido que hiciera algo grande, lo habría hecho. ¿Por qué, pues, no hace algo tan sencillo como esto?

Al fin convencieron a Naamán. Él se sumergió siete veces en el Río Jordán y su piel volvió a ser tan sana como la piel de un niño.

Humildemente Naamán dijo:

—Ahora sé que no hay Dios sino el Dios de Israel. Le adoraré sólo a él.

2 Reyes 5:1-16

Naamán se sumerge siete veces en el Río Jordán y es sanado.

Padres: *"Entonces, extendiendo él la mano, le tocó, diciendo: Quiero; sé limpio. Y al instante la lepra se fue de él"* (Lucas 5:13).

Niños:
1. ¿Cómo se enteró Naamán del profeta en Israel?
2. ¿Cuántas veces debía Naamán sumergirse en el Río Jordán?
3. ¿Estaba Naamán contento de haber obedecido?

DIOS LIBERA A ISRAEL DEL HAMBRE
Cuatro leprosos se arriesgan

El rey de Siria se fue con su poderoso ejército a la tierra de Israel para pelear contra ellos. Ellos sitiaron la ciudad de Samaria, tratando de obligar a la gente a rendirse.

Cada día había menos comida en Samaria. La gente ya se desesperaba, buscando algo que comer.

Un día, una mujer vino al rey para que él obligara a una amiga suya a cumplir con un trato que habían hecho. Habían decidido que un día comerían el hijo de una de ellas, y el próximo día el hijo de la otra. El rey se horrorizó al ver cuánta hambre tenía la gente. Él culpó a Eliseo de todo lo que estaba pasando, e hizo una promesa de que le cortaría la cabeza.

Entonces Eliseo profetizó:

—Mañana a esta hora dejarán de sitiar la ciudad. La harina y la cebada se venderán a un precio bajo en la puerta de la ciudad.

Esa noche, cuatro leprosos decidieron arriesgar su vida y entrar al campamento sirio y pedir comida. Ellos se dijeron:

—De todos modos moriremos en la ciudad. Tal vez tengamos mejor suerte con los sirios.

Antes que los leprosos llegaran al campamento, Dios había hecho un milagro, cumpliendo así la profecía de Eliseo. Él hizo que los sirios escucharan un gran ruido de carros y de caballos como de un gran ejército. Ellos creyeron que el rey de Israel había pagado a los heteos y a los egipcios para que los atacaran. Atemorizados, huyeron, dejando sus tiendas, los caballos, los asnos, y la comida.

Los leprosos no hallaron más que un campamento abandonado. Después de comer, se llevaron plata, oro, ropa, y otros tesoros. Gozosos, escondieron las cosas y volvieron por más. Pero luego se detuvieron. Dijeron entre sí:

—No debemos ser egoístas. Debemos decirle esto al rey.

Antes del amanecer, despertaron al rey con las nuevas. Pero el rey dijo:

—Es sólo una mentira para que salgamos de la ciudad. —Pero algunos hombres valientes fueron a investigar. Hallaron vestidos y otras cosas esparcidos por todo el camino que llevaba a Siria. Pronto los hombres quedaron convencidos de que en verdad el ejército sirio se había marchado.

Toda la gente salió de la ciudad para recoger comida en el campamento abandonado de los sirios.

2 Reyes 6:24-33; 7

Los cuatro leprosos hallan comida y tesoros en el campamento abandonado de los sirios.

Padres: *"Huye el impío sin que nadie lo persiga, mas el justo está confiado como un león"* (Proverbios 28:1).

Niños: 1. ¿Cuántos leprosos había?
2. ¿Por qué huyeron los sirios?
3. ¿Cómo supieron los israelitas que los sirios habían huido?

EL EJÉRCITO DE CANTORES DE JOSAFAT

Un coro gana la batalla

Josafat era un rey sabio y fuerte de Judá. Él servía a Dios con todo su corazón. Él quitó todos los ídolos y envió sacerdotes por toda la nación para que enseñaran al pueblo de la ley de Dios.

Un día Josafat oyó que los moabitas, los amonitas, y los edomitas se habían juntado contra él. Estaban acampados con un gran ejército cerca del Mar Muerto. A causa de esto, muchas familias atemorizadas vinieron de todas las ciudades de Judá para pedirle ayuda a Dios. Ayunaron y oraron en el templo, pidiéndole su dirección. Josafat estaba en medio de ellos, dirigiendo al pueblo en ferviente oración.

Entonces el Espíritu de Dios vino sobre Jahaziel, uno de los levitas. Y éste dijo:

—No teman a esa gran multitud, porque la batalla no es nuestra, sino de Dios. Tengan fe, estén quietos, y observen la salvación de Dios.

—¡Qué gran consolación!

Temprano a la mañana siguiente, Josafat alabó a Dios por la victoria que les daría en ese día. Él aconsejó al pueblo que mandara el coro al frente del ejército. El pueblo estuvo de acuerdo y escogieron cantores para el coro.

¿Alguna vez has escuchado a un ejército dirigido por cantores, marchando hacia el enemigo? ¡Imagínate cómo resonaban todas las voces a lo largo del valle!

Al primer son de los cantos y las alabanzas, Dios puso contra los moabitas, los amonitas, y los edomitas las emboscadas de ellos mismos. Los amonitas y los moabitas quedaron tan confundidos que destruyeron a los edomitas, para luego seguir destruyéndose a sí mismos entre sus propios ejércitos.

Cuando el ejército de cantores llegó al campamento del enemigo, encontraron sólo cadáveres. No hubo necesidad de pelear, tal como Dios lo había dicho. Ellos duraron tres días recogiendo las riquezas, las joyas, y otras cosas. Al cuarto día, ellos bendijeron a Dios y regresaron gozosos a Judá y a Jerusalén.

2 Crónicas 20:1-30

Dios le da la victoria al ejército de cantores de Josafat.

Padres: *"Alabad a Jehová, porque él es bueno; porque para siempre es su misericordia"* (Salmo 107:1).

Niños:
1. ¿Servía Josafat a Dios?
2. ¿Quiénes marcharon al frente del ejército?
3. ¿Cómo fue destruido el enemigo?

ESTER, LA JUDÍA
El rey escoge una nueva reina

Ester era una huérfana judía que vivía en el país de Persia. Hacía muchos años sus padres, junto con muchos otros judíos, habían sido traídos como cautivos.

Un día los gobernadores de Persia, los cortesanos, y los oficiales del ejército fueron al palacio de Susa para una gran celebración. El rey Asuero quería asombrarlos con todo el esplendor del palacio y su poderío. La última semana la pasaron comiendo y bebiendo el vino del rey.

Mientras tanto, la reina Vasti también hizo una fiesta para las mujeres del palacio. En el último día de la fiesta, la reina Vasti recibió una orden del rey. El rey, ya ebrio por el vino, quería mostrarles a los invitados la hermosura de la reina. Pero la reina Vasti no quiso ser humillada de esa manera, por lo cual se negó a ir.

Esto enfureció al rey. Él preguntó:

—¿Qué se debe hacer con una reina que se atreve a desobedecer al rey?

Memucán, uno de los hombres sabios del rey, le contestó:

—La reina Vasti no sólo ha hecho un mal contra el rey, pero también contra todos los ciudadanos del imperio. Cuando todas las mujeres escuchen esto, ellas también querrán desobedecer a sus esposos. Debes quitar a Vasti de ser reina y escoger a otra reina que sea mejor que ella.

Asuero obedeció el consejo. Pero después que su ira había pasado, él se entristeció por la pérdida de la reina Vasti. Entonces sus siervos le aconsejaron, diciendo:

—Haga venir a todas las jóvenes vírgenes más hermosas de su imperio. La joven que más le agrade, será la reina en lugar de Vasti.

Este consejo agradó al rey y de inmediato pusieron por obra el plan.

Ester era una de las muchas doncellas que trajeron delante del rey. Después de la muerte de sus padres, su primo Mardoqueo la había criado como su propia hija. Cada día Mardoqueo venía al palacio para recibir noticia de Ester.

Cada doncella fue llevada ante el rey según su turno. Muchas se vistieron con joyas, pero Ester no pidió ninguna. Su sencillez hizo que su belleza resaltara aun más. Cuando el rey vio a Ester, él la amó más que a las otras doncellas. El rey le puso la corona real sobre su cabeza. Así fue como Ester la huérfana llegó a ser la reina Ester.

Ester 1-2

El rey pone la corona real sobre Ester.

Padres: *"El que sigue la justicia y la misericordia, hallará la vida, la justicia y la honra"* (Proverbios 21:21).

Niños:
1. ¿Quién era Ester?
2. ¿Porqué se enojó el rey?
3. ¿Por qué escogió el rey a Ester?

EL MALVADO PLAN DE AMÁN
Ester intercede por su pueblo

Después que Ester fue coronada, el rey Asuero honró a Amán, uno de los cortesanos, poniéndolo sobre todos los príncipes. Él ordenó que todos los siervos del palacio se inclinaran ante Amán.

Pero el judío Mardoqueo, adoraba solamente a Dios y se negó a inclinarse ante Amán. Muy indignado, Amán le dijo al rey:

—Hay un cierto pueblo esparcido por todo el reino que no obedece sus leyes. Si le place al rey, haga una ley para que estos judíos sean destruidos.

El rey estuvo de acuerdo con la petición, y fue acordado que todos los judíos fueran matados en cierto día. El rey le dio a Amán su anillo para sellar la nueva ley. Pronto circulaban por todo el imperio copias de esta ley. Luego Amán se sentó a celebrar con el rey, bebiendo vino. Pero ni Amán ni el rey sabían que Ester también era judía.

Los judíos se entristecieron por la nueva ley tan terrible. Mardoqueo hizo duelo públicamente en la ciudad de Susa. Le mandó a decir a Ester que le pidiera misericordia al rey, aunque arriesgara su vida. Dijo:

—¡Quién sabe si quizás Dios te haya puesto en el palacio para salvarnos en este tiempo!

Después de ayunar tres días, la reina Ester se puso el vestido real y se presentó ante el rey. ¿La mataría el rey por presentarse sin haber sido llamada? No, Asuero le dio la bienvenida. Pero ella, en lugar de decirle de una vez cuál era su petición, invitó al rey y a Amán a un banquete que ella había preparado.

¡Qué honrado se sintió Amán! Él compartió su orgullo con su esposa Zeres.

—¿Pero de qué me sirve todo esto si Mardoqueo no quiere inclinarse ante mí? —refunfuñó Amán.

—Bueno —sugirió Zeres—, hágase una horca para Mardoqueo, y pídale al rey que le deje colgarlo en ella.

El rey Asuero sabía que su reina tenía una petición especial. El segundo día de banquete, él le preguntó:

—Dime, ¿cuál es tu petición?

Ester contestó:

—Solo le ruego por mi vida y la de mi pueblo, ya que el malvado Amán quiere matarnos.

El rey se enojó con Amán al escuchar esto. Uno de los siervos le dijo:

—Amán tiene la idea de colgar a Mordoqueo en una horca.

—Cuelguen a Amán en ella —resonó la voz del rey. Así Amán fue colgado en su propia horca.

Ester 3-7

Ester salva a los judíos al revelar el plan de Amán.

Padres: *"Porque nada hay encubierto, que no haya de descubrirse; ni oculto, que no haya de saberse"* (Lucas 12:2).

Niños:
1. ¿Quién quería destruir a todos los judíos?
2. ¿Cómo ayudó Ester a su pueblo?
3. ¿Cómo castigaron a Amán?

ISAÍAS, PROFETA DE DIOS
Una visión del cielo

D urante un tiempo de gran tribulación en Israel, Dios levantó a Isaías, uno de los profetas más grandes que jamás haya vivido. Él escribió el libro de Isaías en la Biblia. Isaías es llamado el príncipe de los profetas por su poderosa descripción de la justicia de Dios y de su plan de redención. Las grandes profecías de la venida del Mesías, el Señor Jesús, son el tema principal del libro.

Si recordamos que Isaías vivió durante el tiempo de gobernadores malos, nos ayudará a entender su estilo de escribir. Nota estas palabras, refiriéndose a Israel: "¡Oh gente pecadora, pueblo cargado de maldad, generación de malignos, hijos depravados!"

Isaías condena a las personas corruptas. Muchos decían que lo malo era bueno y que lo bueno era malo. Llamaron a las tinieblas luz y a la luz llamaron tinieblas. Se dejaban sobornar para librar a los criminales, a la vez que condenaban a los inocentes.

Isaías también escribió de sí mismo y de una visión que él tuvo. Él vio al Señor sentado sobre el trono del universo, vestido de ropa real. Encima de él había serafines con seis alas. Ellos volaban diciendo: "Santo, santo, santo es el Señor".

Esta visión le ayudó a Isaías a comprender que Dios siempre está en el trono. También nos ayuda a nosotros a recordar vez tras vez que Dios todavía está en control del mundo. Los gobernadores terrenales se levantan y caen, pero Dios reinará para siempre. Habiendo visto a Dios en su santidad, Isaías exclamó: "¡Ay de mí! que soy muerto. Soy hombre de labios inmundos." Luego un ser celestial tocó la boca de Isaías con un carbón encendido, y dijo: "Ya estás limpio".

Isaías trajo ánimo y esperanza a todo aquel que obedecía a Dios. Él les dijo que Dios levantaría un Libertador. Su nombre sería Admirable, Consejero, Dios fuerte, Padre eterno, Príncipe de paz. También escribió: "y los redimidos de Jehová volverán, y... tendrán gozo y alegría, y huirán la tristeza y el gemido" (Isaías 35:10).

Isaías 1; 6; 9

Isaías tiene una visión del Santísimo en el cielo.

Padres: *"A ti alcé mis ojos, a ti que habitas en los cielos"* (Salmo 123:1).

Niños: 1. ¿Quién era Isaías?
2. ¿A quién vio Isaías sentado en un trono?
3. ¿Cómo se sintió Isaías cuando vio la santidad de Dios?

DIOS HABLA POR MEDIO DE JEREMÍAS
Una advertencia rechazada

Otra vez los hijos de Israel estaban adorando a los ídolos. Dios les envió muchos profetas, pero ellos no quisieron escucharlos, ni tampoco se arrepintieron. Jeremías era un profeta de Dios. Por haber predicado contra el pecado de Judá, lo pusieron en la cárcel.

Como él no podía ir a la casa de Dios, mandó a llamar a Baruc, su secretario. Baruc escribió el mensaje que Jeremías recibió de Dios. Jeremías esperaba que el pueblo escuchara las profecías y clamara a Dios por misericordia, dejando así sus caminos pecaminosos.

Baruc escribió el mensaje de Dios en un rollo. Él lo leyó a la multitud que se había reunido para un día de fiesta en Jerusalén. Él leyó de los tiempos terribles que vendrían, cuando Dios los castigaría por sus pecados. Jerusalén sería destruida. El bello templo y las casas serían quemadas. El pueblo sería llevado cautivo a una tierra lejana.

Baruc también leyó el mensaje de gracia: "Si se arrepienten de sus pecados y obedecen a Dios, estas cosas no sucederán".

Los príncipes de Judá se asustaron al oír la palabra de Dios. Ellos dijeron: "El rey debe escuchar el mensaje". Le dijeron a Baruc que se escondiera él y el profeta mientras le leían el rollo al rey Joacim.

El rollo fue leído al rey mientras él estaba sentado cerca del brasero para calentarse. Cada vez que se leían tres o cuatro páginas, el rey las cortaba con su cuchillo y las echaba al fuego. Los príncipes le rogaron que no quemara la palabra de Dios, pero él siguió haciéndolo hasta que todo el rollo fue destruido. Él no tuvo temor de todo el mal que les vendría. Más bien, se enojó con Jeremías y con Baruc. Él envió a sus siervos para capturarlos, pero Dios los había escondido.

Entonces Dios le dijo a Jeremías que escribiera otro rollo, incluyendo aun más maldiciones. El rey Joacim destruyó el rollo de Jeremías, pero él no pudo destruir la palabra de Dios. Hoy día, los hombres también pueden quemar una Biblia, ¡pero nunca podrán destruir su mensaje!

Jeremías 36

Enojado, el rey Joacim quema el rollo con el mensaje de Dios a su pueblo.

Padres: *"Y sabrán que yo soy Jehová; no en vano dije que les había de hacer este mal"* (Ezequiel 6:10).

Niños: 1. ¿Quién le dijo a Jeremías qué debiera escribir?
2. ¿Cómo destruyó el rey el rollo?
3. ¿Por qué aborrecía el rey a Jeremías?

TRES JÓVENES FIELES
Sadrac, Mesac, y Abed-nego

A causa de sus pecados, muchos judíos, también llamados hebreos, fueron llevados cautivos a Babilonia. En ese tiempo, el rey Nabucodonosor hizo una enorme estatua de oro con figura de hombre. Él reunió a todos sus príncipes, gobernadores, y jueces para una reunión especial. Aunque Daniel no asistió, sus tres amigos hebreos, Sadrac, Mesac, y Abed-nego, sí fueron.

Una gran multitud se reunió frente a la estatua. Entonces el vocero del rey anunció: "Cuando escuchen la música, todos deben arrodillarse y adorar la imagen de oro. Cualquiera que rehúse inclinarse, será echado en el horno de fuego."

La música fue entonada y todos se arrodillaron, todos menos tres jóvenes. Sadrac, Mesac, y Abed-nego se mantuvieron de pie aun cuando sabían que sus vidas estarían en peligro. De inmediato, algunos caldeos envidiosos los denunciaron al rey.

Nabucodonosor se enojó con ellos. Les preguntó:

—¿Es cierto que ustedes se negaron a adorar la imagen de oro? Les daré una oportunidad más. Si obedecen, bien. Pero si rehúsan adorar a la imagen, serán arrojados en el horno de fuego. —Luego dijo en tono de burla: —¿Y qué Dios habrá que los libre de mi mano?

Los tres jóvenes hebreos no se intimidaron. Respondieron:

—No adoraremos a la imagen. ¡Nuestro Dios puede librarnos!

La cara del rey se desfiguró por el enojo y gritó:

—¡Calienten el horno siete veces más de lo acostumbrado y amarren a estos hebreos y échenlos al horno! —De inmediato obedecieron las órdenes.

Cuando el rey quiso ver qué pasaba dentro del horno, de repente exclamó:

—¡Veo a cuatro hombres que caminan en el fuego! El cuarto parece a hijo de los dioses. —Entonces clamó:

»¡Sadrac, Mesac, y Abed-nego, salgan de allí!

Los jóvenes salieron tranquilamente del horno. El rey y sus siervos los miraron asombrados. Aunque las cuerdas con que los habían amarrado se quemaron, ni un solo cabello ni los vestidos se quemaron. Ni siquiera olían a humo.

Entonces el rey se humilló y dio gloria al Dios de los hebreos.

Daniel 1:1-2; 3

Dios salva a los tres jóvenes del horno de fuego.

Padres: *"Y no temáis a los que matan el cuerpo, mas el alma no pueden matar; temed más bien a aquel que puede destruir el alma y el cuerpo en el infierno"* (Mateo 10:28).

Niños: 1. ¿Cuántas personas echaron al horno de fuego?
2. ¿Cuántas personas vio el rey en el fuego?
3. ¿Quién salvó a los tres jóvenes hebreos?

LA ESCRITURA EN LA PARED
Un mensaje para Belsasar

Un nuevo rey llamado Belsasar ahora reinaba en Babilonia. Un día este rey invitó a 1.000 de sus príncipes y nobles para celebrar una fiesta en honor a sus dioses.

El rey Belsasar y sus invitados estaban bebiendo vino y divirtiéndose en la fiesta. De repente ellos vieron una mano de hombre que escribía en la pared. Todos se quedaron viendo fijamente los misteriosos dedos que escribían palabras que nadie podía leer.

La fiesta cesó. Un silencio sepulcral se apoderó del salón. La cara del rey Belsasar palideció, y las rodillas le temblaban de terror.

—¡Traigan a los magos y a los hombres sabios! —gritó el rey—. ¡Cualquiera que lea estas palabras y diga su significado, recibirá una gran recompensa!

Pronto los hombres sabios estuvieron delante de Belsasar. Pero ninguno pudo leer la escritura. Entonces la reina se acercó al rey y le dijo:

—No tenga miedo ni se turbe su corazón. En su reino hay un hombre que su abuelo trajo cautivo de Israel. Su nombre es Daniel. El espíritu de los dioses santos está en él, y él puede decirle lo que significan las palabras.

El rey Belsasar mandó a traer a Daniel. Cuando llegó, el rey le dijo:

—He oído que tú puedes resolver toda clase de misterios. Si puedes decirme lo que significan esas palabras, te vestiré de púrpura, te pondré un collar de oro, y te haré el tercer gobernador del reino.

—Quédese con los regalos o déselos a otro —respondió Daniel—. Yo le diré lo que significan las palabras. Dios odia el orgullo de su corazón. Además, usted bebió vino en los vasos de oro que fueron tomados del templo de Dios en Israel. Usted también adoró a dioses de plata, de oro, de madera, y de piedra.

El rey escuchó con atención mientras Daniel proseguía.

—Por eso, Dios envió este mensaje: *Mene, Mene, Tekel, Uparsin*. Quiere decir: Dios puso fin a su reino. Usted no pasó el examen. Su reino ha pasado a ser de los medos y los persas.

Las palabras de Daniel se cumplieron esa misma noche. Los medos y los persas mataron a Belsasar y tomaron su reino.

Daniel 5

El terror se apodera de Belsasar al ver una mano escribiendo en la pared.

Padres: *"La soberbia del hombre le abate; pero al humilde de espíritu sustenta la honra"* (Proverbios 29:23).

Niños: 1. ¿Tuvo miedo el rey cuando vio la escritura?
2. ¿Quién le dijo al rey lo que significaba la escritura?
3. ¿Qué significaban las palabras?

EN EL FOSO DE LOS LEONES
Daniel soporta la prueba

Babilonia pasó a ser parte del reino de Persia. Daniel ya era un anciano; había servido a Dios por más de 80 años. Había recibido muchas bendiciones especiales del Señor.

Darío, el rey persa, respetaba a Daniel y lo hizo jefe de todos los príncipes y gobernadores. Los príncipes se pusieron muy celosos. Ellos buscaban alguna falta en la vida de Daniel para acusarlo, pero no hallaron ninguna. Él era fiel y honrado. Al fin ellos decidieron: "¡Nuestra única opción es su religión!"

Los príncipes fueron al rey y dijeron:

—Todos los gobernadores y príncipes acordamos hacer una nueva ley que diga que durante 30 días nadie debe hacer ninguna petición a ningún dios u hombre, excepto a usted, oh rey. Si alguno desobedeciere, que sea echado en el foso de los leones. —El rey Darío estuvo de acuerdo y firmó el decreto.

La nueva ley no cambió la devoción de Daniel para con su Dios. Él se arrodillaba tres veces al día frente a su ventana abierta. Oraba y le daba gracias a Dios como siempre lo había hecho.

Los príncipes celosos vigilaron a Daniel, y al verlo orar, corrieron al rey Darío. Le dijeron:

—Hay un hombre que no obedece su ley. Daniel ora a su Dios tres veces al día.

El rey se entristeció mucho por haber firmado el decreto, pues él quería mucho a Daniel. Él pasó todo el día tratando de pensar cómo podría librar a Daniel.

Esa tarde los príncipes regresaron al rey y le dijeron:

—Usted firmó la ley y no puede ser cambiada.

Al fin el rey mandó que Daniel fuera echado en el foso de los leones.

El rey no pudo dormir en toda la noche. Temprano por la mañana, el rey corrió al foso y llamó angustiado:

—Daniel, ¿tu Dios te ha salvado de los leones?

Entonces escuchó una voz. ¡Era la voz de Daniel! Decía:

—Mi Dios envió a su ángel para que cerrara la boca de los leones. No he recibido ningún daño, porque no he hecho ningún mal.

El rey se alegró mucho de que el Dios de Daniel lo había salvado. Mandó que los príncipes que habían acusado a Daniel fueran echados en el foso de los leones. Los leones hambrientos los devoraron al instante.

Daniel 6

Dios protege a Daniel de los leones.

Padres: *"No temas, porque yo estoy contigo; no desmayes, porque yo soy tu Dios que te esfuerzo; siempre te ayudaré, siempre te sustentaré con la diestra de mi justicia"* (Isaías 41:10).

Niños: 1. ¿Cuántas veces al día oraba Daniel?
2. ¿Por qué fue echado Daniel en el foso de los leones?
3. ¿Le hicieron daño los leones a Daniel?

JONÁS Y EL GRAN PEZ
Advertencia para Nínive

Nínive era una gran ciudad. Dentro de sus fuertes muros había templos majestuosos, palacios espléndidos, y bellos jardines. Pero la gente de Nínive era muy mala.

Dios le dijo al profeta Jonás: "Ve y di a la gente de Nínive que se arrepienta de su gran maldad". Pero Jonás no quería obedecer. Ese pueblo era enemigo de los israelitas.

Jonás decidió ignorar el llamado de Dios. Él abordó un barco para viajar a una tierra lejana. Pero él jamás lograría huir de Dios.

Dios envió una gran tormenta en el mar. No era una tormenta común para los marineros. Desesperados, tiraron todo el cargamento al agua, suplicándoles a sus dioses que les ayudaran.

Pero ¿dónde estaba Jonás? El capitán lo encontró en el interior del barco, profundamente dormido.

—¿Qué pasa contigo? —le gritó—. ¡Clama a tu Dios! Tal vez él te escuche y nos salve.

Jonás les dijo a los marineros que él había desobedecido a Dios. Por causa de su desobediencia, Dios había enviado esa gran tormenta.

—Échenme al agua y la tormenta cesará —dijo Jonás.

Los marineros clamaron a Dios, rogándole que no los castigara por la muerte de Jonás. Después echaron a Jonás al violento mar. ¡De inmediato cesó la tormenta! ¡Los marineros estaban maravillados! Allí mismo, ellos decidieron servir al Dios verdadero.

¿Qué pasó con Jonás? Dios tenía preparado un gran pez que se lo tragó. Dentro del pez, Jonás oró fervientemente a Dios, prometiendo obedecerle. Tres días después, Dios hizo que el pez vomitara a Jonás en tierra.

Jonás ya estaba dispuesto a ir a Nínive. Él fue por toda la ciudad clamando: "¡Dentro de 40 días Dios destruirá a Nínive!"

Cuando el rey oyó esto, se vistió con ropa áspera, y se sentó sobre cenizas. Dijo a todo el pueblo que ayunara y orara a Dios, pidiendo misericordia. Cuando Dios vio que la gente se humillaba ante él, decidió no destruir a Nínive.

Gracias a que Jonás obedeció a Dios, muchas personas en Nínive se arrepintieron y recibieron la gran misericordia de Dios.

Jonás 1-3

Dios prepara un gran pez para que se trague a Jonás.

Padres: *"¿A dónde me iré de tu Espíritu? ¿Y a dónde huiré de tu presencia?"* (Salmo 139:7).

Niños: 1. ¿Sabía Dios dónde estaba Jonás todo el tiempo?

2. ¿Dónde estaba Jonás cuando oró a Dios?

3. ¿Perdonó Dios a la gente de Nínive?

Nuevo Testamento

ZACARÍAS Y ELISABET
Nuevas del cielo

Zacarías y Elisabet eran una pareja especial que vivía en Jerusalén. Los dos amaban a Dios y le obedecían. Por muchos años habían orado a Dios pidiéndole un hijo, pero él todavía no había contestado su oración.

Zacarías era sacerdote en el templo. Su trabajo consistía en quemar incienso en el Lugar Santo, mientras el pueblo afuera oraba y esperaba que los bendijera.

Un día el ángel Gabriel vino al templo. Zacarías se asustó cuando lo vio de pie a la derecha del altar.

—No tengas miedo —le dijo Gabriel—. Dios ha escuchado tus oraciones. Tu esposa tendrá un hijo, al cual llamarás Juan. Te regocijarás por su nacimiento, y otros se gozarán contigo. —El ángel continuó, diciendo:

»Juan nunca beberá vino. Él será grande delante de Dios, porque tendrá el espíritu y el poder de Elías. Él hará que los corazones duros se vuelvan suaves como el de un niño. Hará que las mentes desobedientes se vuelvan sabias y justas.

—¿Cómo será eso? —preguntó Zacarías, dudoso—. ¿Qué señal me dará usted para saber si eso es cierto? ¡Mi esposa y yo ya somos demasiado viejos para tener hijos!

El ángel le respondió:

—Mi nombre es Gabriel. Estoy delante de Dios para obedecer sus mandatos. Porque no me creíste, quedarás mudo hasta que el niño haya nacido. Mis palabras se cumplirán en el debido tiempo.

Mientras tanto, el pueblo estaba afuera, esperando a Zacarías. La gente se preguntaba por qué tardaría tanto. Cuando al fin salió, no pudo bendecir al pueblo. No podía hablar. Pero ellos comprendieron que él había visto una visión.

Después que el niño nació, la mayoría de la gente creyó que lo iban a llamar según el nombre de su padre. Pero Zacarías los sorprendió al escribir en una tabla: "Su nombre es Juan".

Después de esto, Zacarías pudo hablar otra vez. Él, lleno del Espíritu Santo, empezó a profetizar y a alabar a Jehová.

Lucas 1:1-25, 57-79

Zacarías y Elisabet se gozan por el nacimiento de su hijo.

Padres: *"He aquí, yo envío mi mensajero, el cual preparará el camino delante de mí"* (Malaquías 3:1).

Niños: 1. ¿Qué noticia les trajo el ángel Gabriel a Zacarías y Elisabet?
2. ¿Por qué Zacarías no podía hablar?
3. ¿Qué escribió Zacarías en una tabla?

EL ÁNGEL GABRIEL VISITA A MARÍA

Un Salvador va a nacer

No hay cosa que canse más que una noche oscura cuando no te sientes bien y no puedes dormir. Las horas pasan tan lentamente. Al fin ves los primeros rayos del sol. Los pájaros empiezan a cantar y todo se vuelve más alegre.

La vida en este mundo era como una larga y oscura noche antes que viniera Jesús. Los profetas dijeron que la gente caminaba en la oscuridad. La maravillosa luz del Hijo de Dios alumbraría a este mundo tan oscuro y lleno de pecado.

El tiempo pasaba sin que nadie supiera con exactitud cuándo y dónde nacería el Salvador. Eva, la primera madre, esperaba que uno de sus hijos fuera el escogido. Moisés dijo que Dios iba a levantar a un profeta igual a él. Años después, Isaías profetizó que nacería de una virgen. Y mucho después, el profeta Miqueas dijo cuál sería el lugar exacto en que nacería el niño.

Pero no sucedía nada. Al pasar los años, poco a poco la gente se iba olvidando de las profecías. No hubo ningún mensaje del cielo por más de 400 años.

Pero Dios sí sabía cuál sería el tiempo correcto para cumplir todas las profecías. Él envió al ángel Gabriel a la tierra con un mensaje especial para una virgen, llamada María.

Gabriel sabía en cuál ciudad, en cuál casa, y aun en cuál aposento encontraría a María. Él entró y le dijo:

—¡Salve, muy favorecida! El Señor es contigo.

María se asustó a causa del visitante celestial. Pero Gabriel le dijo:

—No tengas miedo, María. Tú vas a tener un hijo. Él será muy especial. Él será llamado Hijo del Altísimo, cuyo reino será eterno.

—Pero, ¿cómo será eso? —preguntó María, maravillada—. Aún no me he casado.

Gabriel le contestó:

—El Espíritu Santo vendrá sobre ti y el poder de Dios te cubrirá con su sombra. Tu hijo será llamado Hijo de Dios. Para Dios no hay nada imposible.

—En realidad no entiendo —dijo María suavemente—, pero yo soy sierva del Señor. Estoy lista para hacer cualquier cosa que pida de mí.

Lucas 1:26-38

El ángel Gabriel le anuncia a María que ella tendrá un hijo.

Padres: *"He aquí que la virgen concebirá, y dará a luz un hijo, y llamará su nombre Emanuel"* (Isaías 7:14).

Niños:
1. ¿Quién mandó al ángel a María?
2. ¿Tuvo miedo María cuando vio al ángel?
3. ¿Quién sería el hijo de María?

131

JESÚS NACE EN BELÉN
No había lugar en el mesón

U no de los eventos más grandes de la historia estaba por suceder. Jesús nacería de la virgen María. Él sería llamado Hijo del Altísimo.

Antes que Jesús naciera, María visitó a su prima Elisabet. Estuvo con ella durante tres meses antes de regresar a su hogar en Nazaret. José esperaba allí, ansioso de que llegara el día de la boda. Cuando María le dijo que iba a tener un bebé, José se sorprendió. Él creyó que le había sido infiel.

María le contó acerca de la visita celestial. Pero aun así, José tenía muchas dudas. ¿En verdad habría visto un ángel? ¿Sería ese bebé el Hijo de Dios? ¿Estaría María diciendo la verdad?

José decidió terminar con su compromiso privadamente. Él no quería avergonzar a María en público.

Pero Dios conocía los pensamientos de José. Esa misma noche envió al ángel Gabriel para que le hablara a José en sueños: "No te turbes", le dijo, "el bebé que María va a tener, nacerá por el poder de Dios y del Espíritu Santo. Lo llamarás Jesús, porque él salvará a su pueblo de sus pecados." ¡Qué alivio fue para José escuchar estas palabras! Lleno de gozo, recibió a María como su esposa.

Entonces llegaron las nuevas del emperador romano de que todos debían ir a ser inscritos en su ciudad paterna. José y María empezaron el largo y fatigoso viaje de cuatro días hasta Belén.

Cuando ellos llegaron, María deseaba descansar en una cama suave. Pero ya el mesón en Belén estaba lleno. Tuvieron que pasar la noche en un establo. Allí nació el bebé de María.

José y María miraban con gozo al niñito. ¡Éste era el Mesías prometido! Entonces José dijo:

—Lo llamaremos Jesús, como el ángel me dijo. Él es el que Dios ha enviado para salvarnos.

María envolvió al bebé Jesús en pañales, y lo acostó en un pesebre.

Mateo 1:18-25; Lucas 1:39-56; 2:1-7

El niñito Jesús nace en un establo.

Padres: *"Porque un niño nos es nacido, hijo nos es dado"*
(Isaías 9:6).

Niños: 1. ¿Quién le dijo a José que el bebé debía llamarse "Jesús"?
2. ¿En cuál ciudad nació Jesús?
3. ¿Dónde acostaron a Jesús?

LOS PASTORES Y LOS MAGOS
Mensajeros celestiales anuncian las buenas nuevas

Pocas horas después que Jesús nació, Belén quedó en un profundo silencio. El pueblo que ahora dormía, no se imaginaba que un gran evento acababa de ocurrir. En una pradera cercana, varios pastores se agrupaban para calentarse unos con otros, mientras vigilaban sus rebaños.

De repente, una luz gloriosa los iluminó y les apareció un ángel. Los pastores se atemorizaron. Pero el ángel les dijo: "No tengan miedo, porque les traigo las nuevas de más gozo que jamás hayan escuchado. Hoy ha nacido Cristo, el Salvador, en un establo en Belén. Lo hallarán envuelto en pañales, acostado en un pesebre."

Repentinamente todo el campo donde estaban se iluminó al aparecer miles de ángeles. Sus voces melodiosas se elevaron en un coro de alabanza: "Gloria a Dios en las alturas, y en la tierra paz, buena voluntad para con los hombres". Entonces los ángeles desaparecieron tan repentinamente como habían llegado.

Los pastores se dirigieron a Belén a toda prisa. Allí hallaron al niñito Jesús tal como el ángel lo había dicho. Ellos les dijeron a José y a María todo lo que había sucedido.

Después los pastores regresaron a sus rebaños. Iban contando las maravillosas nuevas a todos los que encontraban en el camino. ¡Cómo alababan a Dios!

Muy lejos de allí, unos magos vieron una estrella muy brillante en el cielo. Después de observarla, ellos dijeron que era una señal de Dios de que había nacido un nuevo rey. Rápidamente cargaron sus camellos y viajaron hacia Israel.

En Jerusalén, ellos preguntaron:

—¿Dónde está el rey que ha nacido? —Se les dijo que debía nacer en Belén. Esa noche la estrella que habían visto continúo hacia Belén. Ella guió a los magos hasta la casa donde estaba Jesús.

¡Qué contentos estaban los magos de haber hallado a Jesús! Se arrodillaron y adoraron al niño. Le dieron regalos de oro, incienso, y mirra. Así fue como Dios proveyó para sus siervos fieles, José y María.

Lucas 2:8-20; Mateo 2:1-12

Los pastores escuchan las nuevas que les trae el ángel.

Padres: *"Porque de tal manera amó Dios al mundo, que ha dado a su Hijo unigénito, para que todo aquel que en él cree, no se pierda, mas tenga vida eterna"* (Juan 3:16).

Niños: 1. ¿Qué hacían los pastores durante la noche?
2. ¿Quién les dijo a los pastores que Jesús había nacido?
3. ¿Qué guió a los magos hasta donde estaba Jesús?

EL NIÑO JESÚS EN EL TEMPLO
En los negocios de su Padre

La Biblia nos habla muy poco acerca de la niñez de Jesús. ¿Crees que él era bueno y obediente a sus padres? O ¿crees que se quejaba cuando tenía que trabajar?

María, la madre de Jesús, nunca olvidó lo que el ángel Gabriel le había dicho. Ella sabía que el conocimiento de la palabra de Dios haría de Jesús un hombre fuerte y sabio. Así que ella comenzó a enseñarle la historia del pueblo de Dios. Él aprendió acerca de Adán y Eva, del arca de Noé, y de la fe de Abraham, de Isaac, y de Jacob. Le enseñó acerca de Moisés, a quien Dios dio los Diez Mandamientos. Él escuchó las historias de Gedeón, Josué, David, Daniel, y Elías. A Jesús le encantaba escuchar estas historias, así como les encantan a los niños de hoy día.

Un día María, José, y Jesús fueron a Jerusalén para la fiesta de la Pascua. Jesús ya tenía 12 años. Esta edad era significativa para los muchachos judíos porque ya eran considerados adultos.

Cuando llegaron al templo, Jesús vio a los negociantes que vendían ovejas y palomas para los sacrificios a precios muy altos. Los cambistas argumentaban. La gente adinerada ponía dinero en la caja de la ofrenda, tratando de hacer mucho ruido para que todos lo notaran. Los pobres eran desatendidos debido a su pobreza. Parecía que toda esta "adoración" era nada más una tradición vacía. La gente no parecía entristecerse por sus pecados.

Cuando Jesús halló a algunos maestros en el templo, su corazón se llenó de gozo. Ahora podía hablar con ellos acerca de las Sagradas Escrituras.

Al cabo de siete días la fiesta terminó, y José y María emprendieron el viaje de regreso. Al principio creyeron que Jesús estaba entre el gentío que iba con ellos. Pero después de buscarlo y no hallarlo, regresaron a Jerusalén. Lo buscaron por tres días. Al fin lo hallaron entre los maestros en el templo, haciendo preguntas y también contestándolas.

María le preguntó:

—¿Por qué nos causaste toda esta angustia?

Jesús le contestó:

—¿No sabían que en los negocios de mi Padre me es necesario estar? —Estas son las primeras palabras dichas por Jesús que tenemos en la Biblia.

En seguida, Jesús fue a su casa junto con sus padres y les fue obediente.

Lucas 2:39-52

El niño Jesús habla de las Escrituras con los maestros en el templo.

Padres: *"En quien* [Cristo] *están escondidos todos los tesoros de la sabiduría y del conocimiento"* (Colosenses 2:3).

Niños: 1. ¿Por qué fueron Jesús y sus padres a Jerusalén?

2. ¿Dónde encontraron José y María a Jesús?

3. ¿Cuáles son las primeras palabras de Jesús escritas en la Biblia?

JESÚS ES BAUTIZADO Y TENTADO
Una voz desde el cielo

L legó el tiempo en que Jesús debía dejar su trabajo de carpintería. Él sabía que su ministerio de predicación, de enseñanza, y de sanidad estaba a punto de comenzar. El tiempo en que se cumplirían las palabras del ángel Gabriel había llegado.

Jesús se dirigió hacia el Río Jordán donde su primo, Juan el Bautista bautizaba. Allí vio algunos líderes religiosos, cobradores de impuestos, y soldados entre la gente que le escuchaba. Juan les decía: "Arrepiéntanse de sus pecados. No sean avaros ni egoístas. Si tienen más comida y ropa de la que necesitan, compartan con otros. Hagan sus trabajos bien, sin quejarse. Esto es lo que Dios pide de ustedes."

Al acercarse Jesús, Juan le dijo a la gente: "¡Miren, ése es el Cordero de Dios que quita el pecado del mundo!" Entonces él bautizó a Jesús. De pronto, el cielo se abrió, y el Espíritu Santo bajó sobre Jesús en forma de paloma. En seguida, la voz de Dios se oyó desde el cielo, diciendo: "Éste es mi Hijo amado, en quien tengo complacencia".

Después de su bautismo, Jesús se fue sólo al desierto, donde lo acompañaban solamente las fieras. Allí ayunaba y oraba. Después de pasar 40 días sin comer, Satanás vino a tentarlo. Él quería que Jesús lo sirviera. "Si eres el Hijo de Dios," lo retó, "¡haz que estas piedras se conviertan en pan!"

Después Satanás llevó a Jesús a la parte más alta del templo y le dijo: "¡Échate abajo! Dios ha prometido que él enviaría a sus ángeles para que no sufras daño alguno."

Luego Satanás llevó a Jesús a un monte muy alto para que viera todos los reinos de la tierra. Le dijo: "Si me adoras, yo te daré todo esto".

Pero Satanás no pudo convencer a Jesús a que desobedeciera a Dios y que le sirviera a él. En cada ocasión Jesús venció a Satanás, citándole la Palabra de Dios. Luego llegaron ángeles y le servían.

Mateo 3:13-17; 4:1-11; Marcos 1:1-13; Lucas 3:15-23; Juan 1:25-34

Juan bautiza a Jesús en el Río Jordán.

Padres: *"Fue [Jesús] tentado en todo según nuestra semejanza, pero sin pecado"* (Hebreos 4:15).

Niños: 1. ¿Quién dijo, "Éste es mi Hijo amado"?
2. ¿Quién tentó a Jesús en el desierto?
3. ¿Cómo venció Jesús a Satanás?

139

JESÚS EMPIEZA SU MINISTERIO
Escoge discípulos y convierte el agua en vino

Jesús sabía que había llegado el tiempo de comenzar su ministerio de mostrar al mundo que el reino de Dios ya había llegado a la tierra. Aunque él mismo no se proclamó rey, él sí mostró el gran amor de Dios y su poder de muchas maneras.

Jesús quería hombres que le ayudaran en su gran tarea. Él escogió a 12 ayudantes. Algunos de ellos eran pescadores. Él los llamó sus discípulos. Jesús en ningún momento les rogó que le siguieran; simplemente los invitó. "Síganme", les dijo. "Yo los haré pescadores de hombres."

Uno de los discípulos era Mateo, un cobrador de impuestos. Él gustosamente renunció su trabajo para seguir a Jesús. Mateo quería que todos sus amigos conocieran a este hombre tan especial. Él invitó a muchas personas a una gran cena.

Pero los líderes religiosos de los judíos se ofendieron por eso. Dijeron:

—Todos esos invitados son gente mala. Si Jesús es un hombre bueno, y si él es un maestro, ¿por qué come con ellos?

Jesús respondió:

—¿Acaso la gente va al médico cuando está bien? Son los enfermos los que necesitan de un médico. Dios me ha enviado a sanar y a perdonar a los pecadores.

En cierta ocasión, Jesús y sus discípulos fueron invitados a una boda. Durante la fiesta, surgió un problema. El vino se había terminado. Entonces María, la madre de Jesús, le dijo:

—Ellos no tienen más vino. —Ella estaba apenada por el novio y su familia.

Señalando seis cántaros de agua, Jesús dijo:

—Llénenlos con agua.

Los sirvientes se preguntaban: "¿Sabrá él que necesitamos vino y no agua?" Pero María insistió que hicieran todo lo que Jesús les dijera. Así que los sirvientes llenaron los cantaros con agua.

Cuando Jesús les mandó a los sirvientes que sacaran agua de los cántaros, ellos notaron algo extraño.

—¡Miren! ¡Ya no es agua, sino vino!

Pronto todos estaban disfrutando del exquisito vino. Dijeron: "Este vino es aun mejor que el primero".

Este era el primer milagro de Jesús. Esto hizo que sus discípulos creyeran y confiaran en él aun más.

Mateo 9:9-13; Marcos 3:13-19; Juan 1:35-51; 2:1-11

Jesús convierte agua en vino en una boda.

Padres: *"Y aquel Verbo fue hecho carne, y habitó entre nosotros (y vimos su gloria, gloria como del unigénito del Padre), lleno de gracia y de verdad"* (Juan 1:14).

Niños: 1. ¿Cómo llamó Jesús a sus 12 ayudantes?
2. ¿Qué les mandó hacer Jesús a los sirvientes en la boda?
3. ¿Qué sucedió con el agua?

JESÚS Y LA MUJER SAMARITANA
Avivamiento en Samaria

El sol de mediodía caía sobre Jesús mientras él descansaba junto al pozo de Jacob, cerca al pueblo de Sicar en Samaria. Él esperaba a sus discípulos que habían ido a comprar algo que comer.

Estando él allí, vino una mujer a sacar agua del pozo. La mujer se sorprendió cuando Jesús le pidió agua para beber. Ella sabía que Jesús era judío. Por lo general, un judío no hablaba con un samaritano, y mucho menos con una mujer samaritana.

—¿Cómo es que usted me pide agua a mí, que soy samaritana? —le preguntó la mujer. ¿Quién será este hombre extraño?

Jesús contestó:

—¡Si conocieras el don maravilloso que Dios te puede dar, y supieras quién soy yo, me pedirías que te diera del agua de vida! La gente vuelve a tener sed después de beber de este pozo. Pero cualquiera que bebe del agua de vida que yo le daré, nunca más tendrá sed. Será en él una fuente de agua que salte para vida eterna.

La mujer le dijo:

—Señor, deme de esa agua, así no tendré sed jamás, ni tendré que venir hasta aquí cada día.

—Ve a la casa y trae a tu esposo —le dijo Jesús.

—No tengo esposo —le respondió la mujer.

—Yo conozco todo lo de tu vida pasada —le dijo Jesús amablemente—. Has tenido cinco maridos, y el hombre que ahora vive contigo, no es tu esposo.

Atónita, la mujer le dijo:

—Señor, me parece que tú eres profeta. Tengo muchas preguntas. Pero yo sé que cuando venga el Mesías, llamado el Cristo, él nos explicará todas las cosas.

Jesús le dijo:

—Yo soy el Mesías.

De inmediato la mujer dejó su cántaro y se fue corriendo hasta el pueblo.

—¡Vengan y vean a un hombre extraordinario! —gritaba—. ¡Él debe de ser el Mesías!

Pronto una multitud de samaritanos curiosos venía con la mujer hacia el pozo.

—Por favor, quédese con nosotros unos días —le rogaban—. Cuéntenos más acerca de las buenas nuevas que ha traído.

Así que Jesús se quedó en Sicar dos días, y muchos creyeron en él.

Juan 4

Jesús habla con una mujer samaritana en el pozo de Jacob.

Padres: *"El que cree en mí, como dice la Escritura, de su interior correrrán ríos de agua viva"* (Juan 7:38).

Niños:
1. ¿Cuál era el nombre del pozo?
2. ¿Qué clase de agua le ofreció Jesús a la mujer?
3. ¿Creyó en Jesús la gente de Sicar?

JESÚS DETIENE UN ENTIERRO
El hijo de una viuda es resucitado

E ra un día muy caluroso en Judea. Jesús y sus discípulos ya habían caminado más de 30 kilómetros. Ya cansados, los discípulos se preguntaban cuánto más tendrían que caminar por ese camino tan áspero.

Los discípulos no sabían que estaban a punto de ver una de las escenas más conmovedoras en la historia. Pero Jesús sí lo sabía. Jesús sabía que necesitaban de él en la ciudad de Naín.

Mientras Jesús y sus discípulos caminaban, mucha gente se unía a ellos. Las mujeres dejaban sus quehaceres, y los hombres dejaban a un lado las herramientas. Algunos traían a sus amigos enfermos para que él los sanara. Los niños curiosos iban y venían entre la multitud que cada vez se hacía más grande. Toda la gente se sentía atraída a Jesús a causa de su benignidad y su amor.

Al fin Jesús y sus seguidores llegaron a Naín. Al llegar a la puerta de la ciudad, ellos se encontraron con una procesión que iba a un entierro. Algunos hombres iban adelante, llevando el ataúd. Atrás venía una mujer llorando, seguida de muchos dolientes.

Cuando Jesús vio a la mujer, tuvo compasión de ella. Era una viuda que acababa de perder a su único hijo.

—No llores —le dijo tiernamente. Acercándose luego, tocó el ataúd.

Los que llevaban al muerto se detuvieron y miraron con atención. ¿Quién será este extraño, y qué irá a hacer?

Jesús miró al joven muerto, y dijo:

—Joven, a ti te digo, levántate. —Inmediatamente el muchacho abrió los ojos, se sentó, y empezó a hablar. Los asombrados observadores se alejaron, llenos de miedo. Pero Jesús, con calma ayudó al muchacho a levantarse y lo entregó a su madre.

Toda la gente se unió a la mujer en alabanzas al Señor. "¡Un poderoso profeta se ha levantado entre nosotros!" exclamaban. "¡Hoy hemos visto la mano de Dios!"

Las nuevas de este milagro se esparcieron rápidamente por toda Judea y los países vecinos. Cada vez más la gente oía de Jesús y de su maravilloso poder.

Lucas 7:11-17

Una viuda agradece a Jesús por resucitar a su hijo.

Padres: *"Antes si aflige, también se compadece según la multitud de sus misericordias"* (Lamentaciones 3:32).

Niños:
1. ¿En cuál ciudad se encontró Jesús con los que iban a un entierro?
2. ¿Por qué se compadeció Jesús de la viuda?
3. ¿Qué pasó cuando Jesús tocó el ataúd?

LA PESCA MILAGROSA
Obediencia recompensada

Los primeros rayos del sol se asomaban en el horizonte, mientras Pedro y sus amigos remaban hacia la orilla del mar de Galilea. La noche de pesca había sido mala. No habían sacado ni un solo pez. Después de echar las anclas en la orilla, los pescadores lavaron las redes y se prepararon para la pesca de la siguiente noche.

Poco después, Jesús, junto con una gran multitud, vino caminando hacia los pescadores. Mientras él predicaba a la orilla del lago, los oyentes se apiñaron cada vez más. Jesús vio una barca desocupada cerca de allí y se subió en ella. Le pidió a Pedro que remara un poco mar adentro para poder sentarse en la barca mientras enseñaba.

¡Qué escena tan pacífica! Los rayos del sol hicieron desaparecer las sombras de la noche sobre los campos mojados por el rocío. Las olas mecían la pequeña barca en el pacífico lago. A la orilla había una multitud de hombres, mujeres, y niños que escuchaban con atención cada palabra del Maestro.

Cuando Jesús terminó de hablar, le dijo a Pedro:

—Vamos mar adentro y echen las redes donde el agua es más profunda. Allí pescarán bastante.

Tal vez Pedro pensó: *¿No sabe Jesús que no sirve pescar en el día?* Entonces le dijo:

—Maestro, hemos trabajado toda la noche y no hemos pescado nada. Pero en su palabra lo intentaremos de nuevo.

Muy pronto Pedro se dio cuenta de que Jesús sabía más acerca de la pesca de lo que él pensaba. Su red se llenó de tantos peces que empezó a romperse. De inmediato Pedro llamó a sus compañeros:

—¡Traigan la otra barca y ayúdenme! —La enorme carga de peces llenó las dos barcas.

Los pescadores estaban maravillados ante este milagro de Dios. En seguida Pedro cayó a los pies de Jesús, diciendo:

—Apártese de mí, Señor, porque soy hombre pecador.

—No tengas miedo —le dijo Jesús—. Desde ahora serás pescador de hombres.

Lucas 5:1-11

Los discípulos traen su gran pesca.

Padres: *"...Id por todo el mundo y predicad el evangelio a toda criatura"* (Marcos 16:15).

Niños: 1. ¿Quién le dijo a Pedro que fuera a pescar otra vez?
2. ¿Qué pasó cuando Pedro obedeció?
3. ¿Qué haría Pedro a partir de ese día?

LA HIJA DE JAIRO Y
UNA MUJER DESESPERADA
Vida y salud restaurada

Jairo, un padre angustiado, se abría paso entre la multitud junto al Mar de Galilea. Cuando llegó a Jesús, cayó a sus pies.

—Mi hija de 12 años se está muriendo —clamó lleno de angustia—. Por favor venga y sánela.

Jesús se conmovió. Jairo, un principal de la sinagoga judía, se inclinaba con humildad ante él. ¡Cuánto debía amar a su hija!

Jesús se volvió para seguir a Jairo hasta su casa. De pronto se detuvo.

—¿Quién me tocó? —preguntó, mirando a su alrededor.

Los discípulos lo miraron con sorpresa.

—¿Qué quiere decir? —le respondieron—. ¡La gente se apiña contra usted todo el tiempo!

Entonces se le acercó una mujer asustada y temblorosa, que cayendo a los pies de Jesús, le dijo:

—He gastado mucho dinero en médicos tratando de curar mi enfermedad, y cuando le vi, pensé: *Si tan sólo pudiera tocar el borde de su ropa, seré sana.*

Con ternura, Jesús le dijo:

—Hija, tu fe te ha salvado. Ve en paz y queda sana de tu enfermedad.

Mientras Jesús aún hablaba, llegó un mensajero. Le dijo a Jairo:

—Tu hija ha muerto. Ya no molestes al maestro. —El corazón de Jairo se oprimió de dolor.

Pero Jesús le animó, diciéndole:

—No tengas miedo, cree solamente.

Al acercarse el pequeño grupo a la casa de Jairo, escucharon el clamor de muchas voces que lloraban. Pronto Jesús calmó a los dolientes.

—¿Por qué hacen tanto alboroto? —les dijo—. La niña no está muerta. Sólo está dormida.

La gente miró a Jesús con asombro.

—¡Entre y verá que es cierto! —respondieron, burlándose de él.

Jesús les ordenó a la gente que salieran de la casa. Solamente a Pedro, a Jacobo, a Juan, y a los padres de la niña les permitió estar allí. Luego caminó hacia el dormitorio de la niña. Tomó su mano y le dijo:

—¡Niña, a ti te digo, levántate!

Inmediatamente la niña se puso de pie y empezó a caminar. ¡Cuán sorprendidos y felices estaban sus padres! No podían expresar con palabras el agradecimiento de su corazón para con Jesús.

Mateo 9:18-26; Marcos 5:21-43

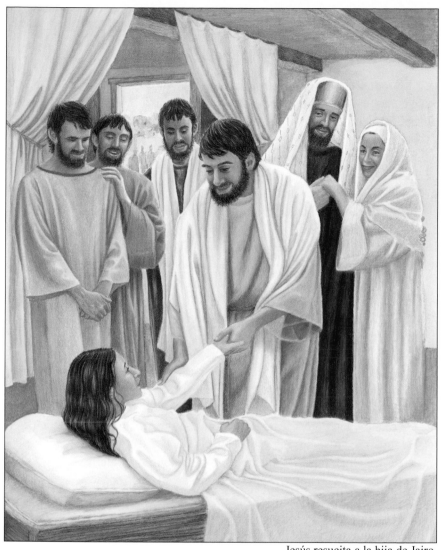

Jesús resucita a la hija de Jairo.

Padres: *"Yo soy la resurrección y la vida..."* (Juan 11:25).

Niños: 1. ¿Cuántos años tenía la hija de Jairo?
2. ¿Qué les dijo Jesús a la gente que estaban en la casa de Jairo?
3. ¿Qué hizo Jesús para revivir a la niña?

EL CLAMOR DE BARTIMEO
Un ciego recibe la vista

Casi todos los días Bartimeo caminaba a tientas hasta la puerta de la ciudad. La gente de Jericó estaba acostumbrada a verlo sentado allí, pidiendo dinero.

Bartimeo no podía ver los bellos colores de las flores, ni las altas palmeras que se erguían sobre él. Tampoco podía ver la luz del sol ni la cara de los que lo amaban. Bartimeo era ciego.

¡Cuánto deseaba Bartimeo poder ver! Pero hasta ahora no había ninguna esperanza. De alguna manera, Bartimeo escuchó del Maestro de Galilea, que sanaba cualquier enfermedad. Ese hombre, Jesús, podía hacer caminar a los cojos, hacer oír a los sordos, y dar vista a los ciegos. Él tenía que ser el Mesías prometido, el hijo de David. ¡Si tan sólo Jesús viniera a Jericó!

Un día Bartimeo escuchó el ruido de una gran multitud de gente que se acercaba.

—¿Qué está pasando? —le preguntó a uno que pasaba.

El hombre le contestó:

—Jesús de Nazaret ha llegado.

El corazón de Bartimeo saltó de esperanza. Aquí estaba su oportunidad. ¡Ahora o nunca! Bartimeo gritó:

—¡Jesús, Hijo de David, tenga misericordia de mí!

—Cállate, mendigo —le decía la gente—. Deja de gritar.

Bartimeo se angustió. Él deseaba que Jesús lo escuchara.

—¡Jesús, tenga misericordia de mí! —gritó aun más fuerte.

Entonces escuchó una voz amable cerca de él. La voz decía:

—Tráiganlo.

Ése debe de ser Jesús, pensó Bartimeo.

—¿Qué quieres que te haga? —le preguntó Jesús.

—Señor —clamó Bartimeo—, que reciba la vista.

—Recíbela —le respondió Jesús—. Tu fe te ha salvado.

Al instante Bartimeo pudo ver la luz del sol, los árboles, y la gente a su alrededor. Pero aun eso no podía compararse con el rostro amoroso de Jesús. Bartimeo empezó a seguir a Jesús y a decirles a todos lo maravilloso que es él.

Marcos 10:46-52; Lucas 18:35-43

El ciego Bartimeo clama a Jesús.

Padres: *"Entonces los ojos de los ciegos serán abiertos, y los oídos de los sordos se abrirán"* (Isaías 35:5).

Niños: 1. ¿Por qué mendigaba Bartimeo?
2. ¿Qué hizo Bartimeo para que Jesús lo viera?
3. ¿Qué hizo Jesús por él?

151

UN PARALÍTICO
Jesús sana y perdona pecados

A causa de su ministerio de enseñanza y sanidad, Jesús ganaba más y más fama. La gente seguía apiñándose cada vez más. Pero muchas veces, Jesús buscaba un lugar retirado de las multitudes. Allí oraba a su Padre, pidiéndole fuerzas.

Los líderes religiosos de los judíos, llamados escribas y fariseos, también seguían a Jesús. Pero ellos no creían en él. Ellos querían hallar alguna falta en Jesús, porque tenían celos de él.

Un día Jesús estaba enseñando en una casa repleta de gente. De repente se escucharon ruidos en el techo. ¡Alguien estaba rompiendo el techo!

Pedazos de techo seguían cayendo. Después vieron que bajaba una camilla muy despacio. ¡Era un paralítico! Cuatro hombres lo bajaron hasta donde estaba Jesús.

Jesús se alegró mucho al ver su fe en él. También le agradó ver que esos hombres estuvieran dispuestos a hacer todo ese esfuerzo por su amigo enfermo.

Todos miraban ansiosamente a Jesús. ¿Haría él un milagro? A pesar de que Jesús nunca había visto al hombre, él sabía que necesitaba algo aun más importante que la sanidad física. Jesús le dijo:

—Hijo, regocíjate, tus pecados te son perdonados.

Los escribas y los fariseos se indignaron por las palabras de Jesús. *¿Cómo se atreve a perdonar a ese hombre?* pensaron. *Dios es el único que puede perdonar pecados. ¿Quién se creerá ser él?*

Jesús sabía lo que pensaban los escribas y fariseos. Él les preguntó:

—Qué es más fácil, ¿perdonar pecados o sanar enfermedades? Pues, voy a mostrarles que el Hijo del Hombre tiene poder para perdonar pecados. En seguida, Jesús se volvió hacia el paralítico, y le dijo:

—Levántate. Toma tu camilla y vete a tu casa.

Al instante el hombre se levantó, recogió su camilla, y con gozo se fue caminado a la casa, alabando a Dios.

Los cuatro amigos del paralítico y la gente que había visto el milagro, también alababan a Dios. Todos se maravillaron de su gran poder.

Mateo 9:1-8; Marcos 2:1-12; Lucas 5:17-26

Cuatro amigos bajan a su amigo paralítico por el techo delante de Jesús.

Padres: *"Este es el verdadero Dios, y la vida eterna"*
(1 Juan 5:20).

Niños: 1. ¿Qué enfermedad tenía el hombre?
2. ¿Quién lo trajo a Jesús? ¿Cómo lo hicieron?
3. ¿Qué hizo Jesús por él?

CINCO PANES Y DOS PECECILLOS
Jesús alimenta a una multitud

Jesús les dijo a sus discípulos:

—Busquemos un lugar tranquilo para descansar un rato. Él acababa de escuchar que habían matado a su amigo, Juan el Bautista, y deseaba estar un rato a solas.

Pero mucha gente quería ver a Jesús y no lo dejaban estar solo. Él corazón de Jesús se conmovió al ver a los hombres, a las mujeres, y a los niños que se apiñaban a su alrededor. Eran como ovejas sin pastor.

Pronto el lugar se llenó de gente que escuchaba las palabras de Jesús. Después de algunas horas, los discípulos vieron que el sol ya se ponía. Toda la gente allí reunida estaba muy lejos de sus hogares.

—Envíe a la gente a sus casas —le dijeron a Jesús—. Pronto oscurecerá y no han comido nada en todo el día.

—¿Cuánta gente hay? —preguntó Jesús.

—Hay 5.000 hombres, además de las mujeres y los niños —le informaron los discípulos.

—¿Por qué no les dan ustedes de comer? —En seguida se volvió hacia Felipe y le preguntó—: ¿Dónde podremos comprar pan para alimentar a toda esta gente?

En ese momento llegó Andrés y dijo:

—Aquí hay un muchacho que tiene cinco panes y dos pececillos. Él con mucho gusto los compartiría.

Jesús ya sabía lo que iba a hacer. Él ya había pensado en el muchacho y había planeado un milagro maravilloso. Entonces les dijo a los discípulos:

—Dividan a la gente en grupos de 50 y de 100. —Toda la multitud se sentó sobre la hierba en grupos ordenados.

Mirando al cielo, Jesús bendijo los cinco panes y los dos peces. Después los partió y se los dio a los discípulos. Luego ellos los repartieron entre la multitud. Todos comieron hasta saciarse.

—Recojan las sobras para que nada se desperdicie —dijo Jesús. Los discípulos obedecieron, y recogieron 12 canastas de sobras. ¡Qué gran milagro! Habían tenido sólo cinco panes y dos peces.

¿Todavía hace Jesús milagros tan maravillosos hoy día? ¿Se preocupa él por ti? ¿Estás dispuesto a darle todo lo que tienes para que otros puedan ser bendecidos?

Mateo 14:13-21; Marcos 6:30-44; Lucas 9:10-17; Juan 6:1-14

Un muchacho comparte con Jesús sus panes y peces.

Padres: *"Mas buscad primeramente el reino de Dios y su justicia, y todas estas cosas os serán añadidas"* (Mateo 6:33).

Niños:
1. ¿Cuántos panes y pececillos tenía el muchacho?
2. ¿Hubo suficiente comida para la gente?
3. ¿Cuántas canastas de sobras recogieron?

SALVADOS DE LA TEMPESTAD
Caminando sobre el agua

Después del milagro de los panes y los peces, Jesús sabía que los judíos querrían obligarlo a ser su rey. Creían que un hombre como él podría darles pan gratuito, deshacerse de los odiados gobernadores romanos, y aun gobernar el mundo entero.

De hecho, Jesús era rey. Pero él no necesitaba de soldados con espadas para establecer su reino. Jesús gobernaría en los corazones de los que le amaran y le obedecieran.

Sabiendo lo que la gente quería, Jesús envió a sus discípulos en barca al otro lado del Mar de Galilea. Después se apartó de la multitud y fue a un lugar apartado para orar.

Esa noche, mientras Jesús oraba, una gran tormenta se levantó sobre el lago. Jesús sabía que los discípulos en la barca estaban en peligro. Muy avanzada ya la noche, fue para ayudarles. Caminó sobre el turbulento mar como si fuera tierra seca.

Cuando los discípulos vieron aquella extraña figura caminando hacia ellos, gritaron de terror. Creían que era un fantasma. Pero Jesús les dijo:

—¡Tengan ánimo, soy yo!

Los discípulos casi no podían creer que fuera Jesús. ¿Cómo podía Jesús caminar sobre el agua? De repente, a Pedro le vino una idea. Él llamó:

—Señor, si es usted, manda que yo vaya a usted sobre las aguas.

—¡Ven! —respondió Jesús.

Atrevidamente, Pedro dio un paso fuera de la barca. Al principio todo iba bien. ¡Increíblemente estaba caminado sobre el agua como Jesús!

Pero después Pedro empezó a mirar las agitadas y oscuras aguas. Se llenó de pánico y empezó a hundirse.

—¡Señor, sálveme! —gritó.

Jesús extendió la mano y agarró a Pedro. En cuanto subieron a la barca, el viento se calmó. Enseguida llegaron a su destino.

¿Cómo sería posible? ¡Hacía unos momentos habían estado en medio del lago turbulento! Atónitos, los discípulos se arrodillaron humildemente. Dijeron:

—Verdaderamente tú eres el Hijo de Dios.

Mateo 14:22-33; Marcos 6:45-52; Juan 6:15-21

Pedro clama: "¡Sálveme, Señor!"

Padres: *"No temas, cree solamente"* (Marcos 5:36).

Niños: 1. ¿Qué creían los discípulos que venía caminando
                     sobre el agua?
                  2. ¿Quiénes caminaron sobre el agua?
                  3. ¿Qué pasó cuando Pedro empezó a tener miedo?

ZAQUEO, EL HOMBRE PEQUEÑO
Un publicano se convierte en un hombre generoso

Jesús y sus discípulos iban caminado hacia Jerusalén para la fiesta de la pascua. Cuando pasaron por Jericó, ya mucha gente se había unido a ellos. ¡Qué lugar tan agradable era Jericó para los viajeros! Se deleitaban en la fragancia del bálsamo y las palmeras de dátiles que crecían a las orillas de los manantiales.

A los publicanos también les gustaba la ciudad de Jericó. Era un buen lugar para hacerse rico, especialmente para alguien tan listo como su jefe Zaqueo. Pero ni aun todo el dinero que tenía Zaqueo le podía dar la felicidad.

Zaqueo había escuchado de Jesús, el gran maestro y sanador, y anhelaba verlo. Pero tenía un problema. Era tan pequeño que no podía ver por encima de la gente.

Sin importarle lo que otros pensarían, Zaqueo corrió delante de la gente y se trepó a un sicómoro. Allí se recostó sobre una rama para ver a Jesús pasar. Pero cuando Jesús vino al sicóromo, se detuvo y dijo:

—Zaqueo, date prisa y baja. Hoy debo posar en tu casa.

Zaqueo no podía creer lo que estaba oyendo. ¡Sería verdad que el Maestro estaba hablándole a él, un publicano que todos odiaban? Pero algo sucedía en su corazón. Zaqueo se bajó del árbol más rápido de lo que había trepado. Gozoso, le dio a Jesús la bienvenida a su casa.

Cuando la gente vio que Jesús iba con Zaqueo, empezaron a criticarlo. Decían: "¿Cómo puede ser tan amigable con ese estafador?"

Desde ese día, Zaqueo llegó a ser un hombre diferente. Le dijo a Jesús:

—La mitad de mis bienes se los daré a los pobres. Y si hubiere defraudado a alguien, le devolveré cuatro veces más de lo que le quité. —Zaqueo prometió hacer más de lo que la ley requería para restituir sus maldades.

Jesús se alegró por el cambio que hubo en Zaqueo.

—Hoy ha venido la salvación a esta casa —dijo él. Jesús no sólo había venido a sanar a los enfermos, los paralíticos, los sordos, y los ciegos, sino también a limpiar los corazones pecaminosos. Luego añadió: —Porque el Hijo del Hombre vino a buscar y a salvar lo que se había perdido.

Lucas 19:1-10

Zaqueo se trepó a un árbol para ver a Jesús.

Padres: *"Cristo Jesús vino al mundo para salvar a los pecadores"*
(1 Timoteo 1:15).

Niños: 1. ¿Cómo se llamaba el hombre pequeño?
2. ¿Para qué se trepó a un árbol?
3. ¿Qué prometió hacer Zaqueo?

CALMANDO LA TORMENTA
Paz en medio de confusión

Había sido un día largo y de mucha fatiga para Jesús. Él estuvo sanando a los enfermos y enseñando a la gente desde la mañana. Ahora deseaba estar en un lugar tranquilo para descansar. Les dijo a los discípulos:

—Pasemos al otro lado del lago.

Pero no era fácil soltarse de la multitud. Todos querían estar con Jesús un rato más. Al fin, él y los discípulos salieron hacia el otro lado del lago en una barca. Otras barcas también salieron en ese mismo momento. Sin duda eran personas que estaban decididas a seguir a Jesús a dondequiera que iba.

Pronto Jesús se quedó profundamente dormido en la parte atrás de la barca. Los discípulos se relajaron con la brisa fresca mientras navegaban hacia la tierra de los gadarenos. Contemplaban la puesta del sol y vieron asomarse las primeras estrellas. Era una noche placentera para estar en el Mar de Galilea. No había nada que les hiciera pensar en las furiosas tormentas que a menudo azotaban el lago.

Pero, de pronto sucedió. Nubes negras empezaron a deslizarse entre las montañas, convirtiendo la suave brisa en una gran tormenta. La barca empezó a mecerse indefensa de un lado a otro en el agitado lago. Las enormes olas dieron contra la barca vez tras vez, hasta que el agua empezó a meterse.

Los discípulos se asustaron. Se metía más y más el agua a la barca. Hasta los pescadores de experiencia, Pedro, Andrés, Jacobo, y Juan, empezaron a sentir pánico.

Al fin los discípulos buscaron a Jesús. Cuál fue su sorpresa al ver que él seguía profundamente dormido. Rápidamente lo despertaron, clamando:

—Maestro, ¿no le importa si morimos?

—¿Dónde está su fe? —les reprendió Jesús suavemente—. ¿Por qué tienen miedo?

Entonces Jesús se levantó y dijo:

—¡Paz! ¡Calma! —Inmediatamente el viento y la lluvia cesaron y el lago se calmó.

Los discípulos estaban maravillados. Ellos se preguntaban: "¿Quién es este hombre que aun los vientos y las aguas manda, y le obedecen?" Ellos sabían sin duda que Jesús tenía que ser el Hijo de Dios.

Mateo 8:23-27; Marcos 4:35-41; Lucas 8:22-25

Jesús calma la tempestad.

Padres: *"Toda potestad me es dada en el cielo y en la tierra"*
(Mateo 28:18).

Niños: 1. ¿Tenían los discípulos miedo de la tormenta?
2. ¿Tenía miedo Jesús?
3. ¿Qué pasó con la tormenta?

JESÚS Y LOS NIÑOS
¿Quién es el mayor en el reino de Dios?

Un día, algunas madres trajeron a sus hijos para que vieran a Jesús. Algunas traían bebecitos en los brazos. Querían que el Maestro les impusiera las manos y los bendijera. Pero Jesús no podía escucharlos de una vez porque estaba ocupado con la multitud.

—No molesten al Maestro —les decían los discípulos—. Él está muy ocupado como para dedicarles tiempo a los niños.

Jesús los oyó y se disgustó con sus discípulos. Les reprendió diciendo:

—¡Nunca rechacen a los niños! Mi reino se compone de aquellos que son humildes, que confían, que aman, y que perdonan como lo hacen los niños. Dejen que los niños vengan a mí.

Jesús tomó a cada niño en sus brazos. Cariñosamente puso sus manos sobre ellos y los bendijo. Los discípulos estaban maravillados al ver como Jesús les prestaba atención a los niños.

En otra ocasión, algunos de los discípulos discutían entre sí. Cada uno se creía más importante que los demás. Así que le preguntaron a Jesús.

—¿Quién es el mayor en el reino de Dios?

Jesús, poniendo un niño en medio de ellos, les dijo:

—Si ustedes no tienen un cambio de corazón y se hacen como este niñito, nunca entrarán en mi reino.

»Un niño nunca trata de ser importante o rico, o de tener mucho poder y fama. Él ama a sus padres y confía en que ellos lo cuidarán. Todo el que se humille y confíe en su Padre Celestial como este niño, ése es el mayor en el reino de Dios.

Jesus dijo además:

—Mejor sería amarrarse una piedra al cuello y arrojarse en lo profundo del mar, que alejar de mí a uno de estos niños y hacerlo pecar.

»Los niños tienen ángeles que siempre están en la presencia de mi Padre, y ellos los cuidan —dijo Jesús—. El reino de los cielos es de estos pequeños.

Mateo 18:1-6, 10; Marcos 9:33-37; 10:13-16; Lucas 9:46-48; 18:15-17

Jesús bendice a los niños.

Padres: *"De la boca de los niños y de los que maman, fundaste la fortaleza"* (Salmo 8:2).

Niños: 1. ¿Quién dijo: "Jesús no tiene tiempo para los niños"?
2. ¿Ama Jesús a todos los niños?
3. ¿Te ama Jesús a ti?

UNA EXPERIENCIA EN LA CIMA
DE LA MONTAÑA
Moisés y Elías aparecen con Jesús

U n día Jesús les dijo a sus discípulos que él pronto tendría que sufrir. Los principales sacerdotes y los escribas lo tratarían cruelmente en Jerusalén y lo matarían. Pero después de tres días, él resucitaría.

Jesús también les dio instrucciones a sus discípulos, diciéndoles que fueran fieles y que nunca tuvieran vergüenza de él. Les dijo que no fueran egoístas, sino que hicieran el bien a todos. Jesús les prometió que antes que ellos murieran, algunos verían al Hijo del Hombre viniendo en su reino.

Estas enseñanzas eran nuevas para los discípulos. Ellos no entendían que Jesús había venido al mundo para sufrir y morir. Más bien, ellos creían que reinarían con Jesús en un reino terrenal. Ahora se sentían confusos por las palabras de Jesús.

Una semana después, Jesús tomó a Pedro, a Jacobo, y a Juan y los llevó a la cima de una montaña. Los discípulos casi se quedan dormidos por el cansancio. Mientras Jesús oraba, un cambio glorioso ocurrió en él. Su rostro brillaba como el sol, y su ropa resplandecía de blancura. Luego aparecieron Moisés y Elías, que hablaban con él.

Los discípulos se llenaron de asombro al verlos. ¿Qué le había sucedido a Jesús? Ellos se estremecieron de terror ante los tres seres resplandecientes.

Pronto, Moisés y Elías desaparecieron. Luego una nube brillante cubrió a Jesús y a sus discípulos. Una voz habló desde la nube, diciendo: "Éste es mi Hijo amado, en quien tengo complacencia. Escúchenlo."

Jesús había planeado este encuentro glorioso para el bien de sus tres discípulos y de todos los que creerían en él. Era una demostración de la gloria que sería suya, cuando regresara otra vez al cielo. Así un día, todos los que crean en Jesús también gozarán de esta gloria en el cielo con él.

Mateo 16:21-28; 17:1-18; Marcos 9:1-13; Lucas 9:28-36

Tres de los discípulos ven a Jesús con Moisés y Elías.

Padres: *"Y nosotros oímos esta voz enviada del cielo, cuando estábamos con él en el monte santo"* (2 Pedro 1:18).

Niños: 1. ¿Quiénes eran los tres discípulos que estaban con Jesús?
2. ¿Cuáles otros dos hombres aparecieron con Jesús en la montaña?
3. ¿Qué pasó con Jesús?

JESÚS LIMPIA EL TEMPLO
La casa de Dios es sagrada

C ada año, durante el tiempo de la fiesta de la pascua, Jesús iba a Jerusalén. Hacía tres años, cuando él había venido a la fiesta, se había entristecido mucho por la falta de respeto hacia el templo de Dios. Con un látigo, había sacado a todos los comerciantes y cambistas. También había soltado el ganado, las ovejas, y las palomas.

Ahora Jesús estaba en Jerusalén de nuevo. El vió que otra vez habían vuelto los comerciantes. El santo templo de Dios parecía un mercado y olía a corral. ¿Cómo podría alguien adorar a Dios en semejante lugar? Jesús sabía que él tenía que protestar contra este hecho.

Así que Jesús volvió a sacar a todos los comerciantes y volcó las mesas de los cambistas. Esparció las sillas de los que vendían palomas. Él no permitió que nadie llevara tazón o jarra alguna por el templo. Luego Jesús explicó:

—Está escrito por los profetas: "Mi casa, casa de oración será llamada". ¡Pero ustedes la han hecho cueva de ladrones!

Los líderes judíos habían hecho una regla de que ningún paralítico o ciego podría entrar en el templo. Dijeron que sólo alguien con cuerpo sano podía presentarse ante Dios. Se olvidaron que Dios se fija más en el corazón de la persona que en su cuerpo. Jesús, pues, les dio la bienvenida a los ciegos y a los paralíticos a venir al templo. Allí él los sanó a todos.

Los niños vieron lo bueno que era Jesús. Tan pequeños e inocentes, ellos amaban a Jesús. También gritaban: "Hosanna al Hijo de David" (quiere decir: Dios bendiga al Mesías). ¡Qué día tan grandioso! Jamás se había visto algo semejante en el templo. Y nunca más volvería a suceder.

Los sacerdotes y los ancianos debieran haberse alegrado de ver a tanta gente llena de alegría. Pero no fue así. Más bien se enojaron mucho.

Entonces Jesús les preguntó:

—¿Nunca han leído en los salmos: "De la boca de los niños y de los que maman, perfeccionaste la alabanza"?

Mateo 21:12-16; Marcos 11:15-18; Lucas 19:45-48; Juan 2:13-16

Jesús saca a los cambistas y a los comerciantes del templo.

Padres: *"Dad a Jehová la honra debida a su nombre; traed ofrenda, y venid delante de él; postraos delante de Jehová en la hermosura de la santidad"* (1 Crónicas 16:29).

Niños:
1. ¿Qué hizo Jesús con los comerciantes?
2. ¿Quiénes gritaban: "Hosanna al Hijo de David"?
3. ¿Estaban contentos los sacerdotes y los ancianos?

EL BUEN SAMARITANO
Mostrando amor para con otros

U n día, mientras Jesús estaba enseñando, llegó un intérprete de la ley para probarlo. Él le preguntó:

—Maestro, ¿qué debo hacer para tener vida eterna?

Jesús le respondió con otra pregunta:

—¿Qué está escrito en la ley?

El intérprete le contestó:

—Amarás al Señor tu Dios con todo tu corazón, y con toda tu alma, y con todas tus fuerzas, y con toda tu mente; y a tu prójimo como a ti mismo.

—Has contestado correctamente —dijo Jesús—. Haz esto, y vivirás.

Pero el intérprete, queriendo justificarse, le dijo:

—Y, ¿quién es mi prójimo?

Jesús decidió enseñarle una lección por medio de una historia:

Una vez un hombre viajaba por el escarpado y peligroso camino entre Jerusalén y Jericó. De pronto, de su escondite salieron unos ladrones. Lo agarraron, lo golpearon, y le robaron la ropa y el dinero. Lo dejaron tendido al lado del camino, desnudo y agonizando.

Poco después, pasó un sacerdote judío que servía a Dios en el templo en Jerusalén. Cuando vio al hombre malherido, se cruzó al otro lado del camino y pasó de lejos.

Después pasó un levita que también servía en el templo. Él se acercó más para ver al hombre herido, pero como no quería contaminarse con el fin de mantenerse limpio para hacer sus deberes en el templo, siguió su camino.

De último vino un samaritano. Al ver al hombre malherido, tuvo compasión de él. Limpió sus heridas, les puso aceite, y luego las vendó. Después, con mucho cuidado, levantó al hombre y lo puso sobre su burro. Lo llevó a la posada más cercana y lo cuidó hasta el otro día.

Antes de marcharse, el samaritano le dio dos monedas de oro al dueño de la posada, diciéndole: "Cuide del hombre hasta que esté bien. Si tiene más gastos, yo se los pagaré cuando regrese."

Entonces Jesús, volviéndose hacia el intérprete, le preguntó:

—¿Cuál de los tres mostró el amor al hombre herido?

—El que le hizo el bien —contestó el intérprete.

Jesús le dijo:

—Ve, y haz tú lo mismo.

Lucas 10:25-37

El buen samaritano ayuda al hombre malherido.

Padres: *"Hijitos míos, no amemos de palabra ni de lengua, sino de hecho y en verdad"* (1 Juan 3:18).

Niños:
1. ¿Qué le hicieron los ladrones al hombre?
2. ¿Mostraron compasión el sacerdote y el levita?
3. ¿Amó el samaritano al hombre herido?

JESÚS ENSEÑA AMOR Y PERDÓN
La oveja perdida y el siervo malvado

U n día, algunos fariseos, escribas, e intérpretes de la ley vinieron para escuchar a Jesús. Se asombraron de ver que había con él ladrones, mentirosos, y gente pervertida.

—Jesús no debiera permitir que esos pecadores se junten con gente tan respetable como los judíos —decían—. Tampoco debiera él comer con ellos.

Jesús escuchó las quejas y les dijo:

—Supongamos que alguno tenga 100 ovejas. Una noche se da cuenta de que falta un cordero. ¿Acaso dormiría tranquilo, sabiendo que falta un cordero? Claro que no. A pesar de lo cansado que se sienta, lo buscaría hasta hallarlo. Gozoso, lo traería de nuevo al rebaño. Invitaría a sus vecinos para regocijarse con él, porque halló su oveja perdida.

»Así trata Dios con la gente —continuó Jesús—. Hay más gozo en el cielo por un pecador que se arrepiente, que por 99 personas que se creen ser justos.

Pedro también necesitaba aprender más de como trata Dios con la gente. Un día preguntó:

—Maestro, ¿cuántas veces debo perdonar a la persona que siempre me ofende? ¿Basta con siete veces?

—No, Pedro —contestó Jesús—. Debes perdonarla hasta setenta veces siete. Escucha esta parábola.

Cierto rey supo que uno de sus siervos le debía millones de pesos. El rey dio la orden de que vendieran al hombre, a su esposa, y a sus hijos como esclavos. Pero el siervo se arrodilló delante de él, pidiéndole misericordia. El rey tuvo compasión de él y le perdonó la deuda.

Cuando el siervo salió, se encontró con otro siervo que le debía sólo un poco de dinero. Agarrándolo del cuello, le dijo: "¡Págame todo ya!"

"Por favor tenga paciencia conmigo y yo se lo pagaré," le rogaba el siervo. Pero el primer siervo no lo escuchó. Mandó que lo echaran en la cárcel.

Cuando el rey escuchó esto, se enfureció. Le dijo al siervo malvado: "Yo te perdoné tu gran deuda, sin embargo tú no puedes perdonar por sólo un poco de dinero. Por esto, irás a la cárcel hasta que me pagues todo."

—Recuerden —dijo Jesús—, Dios no los perdonará a menos que ustedes se perdonen el uno al otro de todo corazón.

Mateo 18:10-35; Lucas 15:3-7

El pastor regresa gozoso con el cordero perdido.

Padres: *"Porque el Hijo del Hombre ha venido para salvar lo que se había perdido"* (Mateo 18:11).

Niños: 1. ¿Alguna vez has hallado algo que se te perdió?
2. ¿Te gozaste por haberlo hallado?
3. ¿Se alegra Dios cuando uno perdona al otro?

EL HIJO PRÓDIGO
Un hijo perdido es hallado

Jesús quería que los fariseos, quienes se consideraban muy justos, entendieran que Dios ama tanto a la gente buena como a la gente mala. Por eso les contó esta parábola:

Un finquero tenía dos hijos. Un día, el hijo menor le dijo a su padre que le diera su parte de la herencia. Así que el padre les repartió a los dos hijos la parte que les correspondía.

Emocionado por sus riquezas, el más joven se fue a un país lejano. Allí malgastó su dinero, andando en fiestas con los amigos. Pero llegó el día en que tuvo que enfrentarse a la realidad. Se le terminó el dinero. Como ya no tenía dinero, tampoco tenía amigos. Empezó a tener hambre, pero debido a la terrible escasez de alimento, tampoco había qué comer. Ahora no era más que un pobre mendigo.

El único trabajo que pudo conseguir fue el de alimentar cerdos. Cada día sentía tanta hambre que deseaba comerse el alimento de los cerdos, pero nadie le daba.

Al fin él pensó: "En casa los siervos de mi padre tienen suficiente comida, mientras yo aquí muero de hambre. Regresaré a casa y le pediré a mi padre que tenga misericordia de mí."

El joven emprendió el viaje de regreso a la casa. Aun estando lejos, su padre corrió a encontrarlo. El padre abrazó a su andrajoso hijo y lo besó. "Padre, he pecado contra el cielo y contra ti", dijo el joven con tristeza. "No soy digno de ser tu hijo, pero por favor hazme como uno de tus siervos."

Pero el padre ya había llamado a sus siervos. "Traigan el mejor vestido y vístanlo", ordenó. "Pónganle un anillo en el dedo y sandalias en los pies. Maten el mejor becerro y preparen una fiesta."

Cuando el hijo mayor lo oyó, se enojó mucho. Él no quiso participar en la fiesta de bienvenida para su hermano. Pero su padre lo buscó, rogándole que participara.

"¡No es justo!" dijo el hijo mayor. "Yo le he servido por muchos años, y siempre le he obedecido. Y usted nunca me ha dado ni siquiera un cabrito para festejar con mis amigos. Pero apenas llega ese desgraciado hijo suyo, mata el mejor becerro."

El padre respondió: "Hijo, todo lo que tengo es tuyo. Es necesario que nos regocijemos. Tu hermano estaba muerto y ahora vive. Estaba perdido y es hallado."

Lucas 15:11-32

El hijo pródigo es recibido en la casa.

Padres: *"Así os digo que hay gozo delante de los ángeles de Dios por un pecador que se arrepiente"* (Lucas 15:10).

Niños:
1. ¿A dónde se fue el hijo menor después de recibir la herencia?
2. ¿Qué hizo su padre cuando lo vio llegar a la casa?
3. ¿Cómo reaccionó el hermano mayor?

LÁZARO ES RESUCITADO

Jesús llora

Mientras Jesús visitaba un pueblo lejos de Judea, él recibió este mensaje de sus amigas, María y Marta: "Señor, Lázaro, el que tú amas, está muy enfermo". Pero Jesús no se apresuró por volver a Judea para sanar a su amigo enfermo. Más bien se quedó allí dos días más, enseñando y sanando a la gente. Después les dijo a sus discípulos:

—Volvamos a Judea.

—Pero los judíos han tratado de matarle —le dijeron sus discípulos—. ¿Va a volver allá?

Jesús contestó:

—¿No tiene el día 12 horas? Si andamos en la luz no tropezaremos. —Después añadió—: Lázaro ha muerto. Yo no fui a sanarlo, porque quiero mostrarles la gloria de Dios para que ustedes crean.

Después de mucho caminar, Jesús y sus discípulos se aproximaban a Betania. Para entonces, Lázaro ya tenía cuatro días de haber fallecido.

Entonces Marta salió a recibir a Jesús.

—Señor —dijo llorando—, si usted hubiera estado aquí, mi hermano no habría muerto.

Jesús le dijo:

—Tu hermano resucitará.

—Yo sé que él resucitará en el día final —respondió Marta.

—Yo soy la resurrección y la vida —le dijo Jesús—. El que cree en mí, aunque esté muerto, vivirá. ¿Crees esto, Marta?

—Sí, Señor —contestó Marta. Después llamó a María, y todos caminaron hacia la tumba de Lázaro. Algunos amigos también los acompañaron.

El corazón de Jesús se conmovió al ver que todos lloraban. Él también lloró.

—Quiten la piedra —ordenó Jesús. Frente a la tumba abierta él oró: "Gracias, Padre, porque siempre escuchas mis oraciones. Deseo que cada uno aquí crea que tú me enviaste para dar vida."

Entonces Jesús llamó a gran voz:

—¡Lázaro, sal de ahí!

En ese momento la multitud asombrada vio a Lázaro que salía, envuelto de los pies a la cabeza. Sí, era verdad. ¡Lázaro estaba vivo!

Ese día, muchos creyeron en Jesús.

Juan 11:1-45

Jesús resucita a Lázaro.

Padres: *"No os maravilléis de esto; porque vendrá hora cuando todos los que están en los sepulcros oirán su voz"* (Juan 5:28).

Niños: 1. ¿Cómo se llamaban las hermanas de Lázaro?

2. ¿Qué sintió Jesús cuando vio la tristeza de la gente?

3. ¿Qué dijo Jesús después que quitaron la piedra?

JESÚS CABALGA SOBRE UNA ASNA
Jesús se lamenta por Jerusalén

Cuando ya se acercaba el tiempo de la pascua, Jesús y sus discípulos llegaron a la aldea de Betania. Fueron a visitar a María y Marta y a su hermano Lázaro, a quien Jesús había resucitado. Todos disfrutaron de la comida especial que Marta les había preparado. Casi ninguno de ellos entendía cuán pronto los dejaría Jesús.

Pero María notó que Jesús estaba triste. Tomó una libra de perfume muy caro, y lo derramó sobre los pies de Jesús. Después le secó los pies con su cabello.

¡Cuán animante fue esto para Jesús! Al acercarse la hora de su muerte, había una persona que entendía un poquito cómo se sentía él. Entonces les dijo a sus discípulos:

—Ella me ha ungido para la sepultura.

Esta historia del amor de María todavía hoy se cuenta entre los creyentes, en todo el mundo, tal como dijo Jesús.

Al siguiente día, mientras Jesús y sus discípulos caminaban hacia Jerusalén, Jesús mandó a sus discípulos a una aldea cercana para tomar prestado una asna.

Los discípulos trajeron el asna a Jesús. El asna, que nunca antes había sido montado, se dejó montar por Jesús para ir a Jerusalén. Así Jesús cumplió la profecía que dio Zacarías, diciendo: "He aquí tu rey vendrá a ti... cabalgando sobre un asno, sobre un pollino, hijo de asna".

Mucha gente vino a Jerusalén para celebrar la pascua. Todos se agolpaban alrededor de Jesús, extendiendo mantos y palmas por donde pasaba. "Bendito el Rey de Israel que viene en el nombre del Señor! ¡Hosanna!" gritaban vez tras vez. Muchas personas alababan a Jesús porque él los había sanado.

Con toda esa alegría, nueva esperanza surgió en los discípulos. ¡Tal vez ahora Jesús será coronado rey! Pero, ¿por qué se detuvo el asna? Ellos miraron con sorpresa a Jesús. Él estaba contemplando la ciudad y lloraba.

Más tarde, mientras enseñaba en el templo, dijo:

"La paz eterna estaba a tu alcance. Pero la desechaste, y ya es demasiado tarde. Oh, Jerusalén, ¡cuántas veces quise juntar a tus hijos, como la gallina junta sus polluelos debajo de las alas, y no quisiste!"

Mateo 21:1-9; 23:37; Marcos 11:1-10; Lucas 19:28-44; Juan 12:1-8, 12-19; Zacarías 9:9

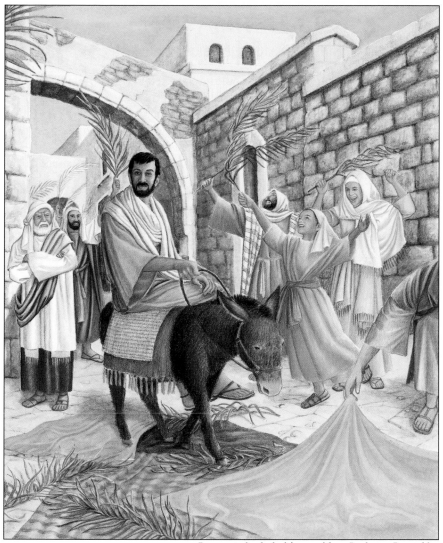

La gente le da la bienvenida a Jesús en Jerusalén.

Padres: *"Alzad, oh puertas, vuestras cabezas, y alzaos vosotras, puertas eternas, y entrará el Rey de gloria"* (Salmo 24:7).

Niños:
1. ¿Dónde derramó María el perfume?
2. ¿Sobre cuál animal se montó Jesús?
3. ¿Quién lloró por la gente de Jerusalén?

LA ÚLTIMA CENA
Símbolos del sufrimiento de Jesús

J esús deseaba tener un lugar tranquilo donde celebrar la última fiesta de la pascua con sus discípulos. Él les dijo a Pedro y a Juan:

—Vayan a Jerusalén donde encontrarán a un hombre que lleva un cántaro. Síganlo hasta su casa y él les mostrará un gran aposento en el piso alto. Allí pueden preparar la cena de la pascua.

Mientras tanto, Judas, uno de los discípulos, había ido secretamente a los principales sacerdotes.

—¿Cuánto dinero me dan si les ayudo a capturar a Jesús? —les preguntó. Los sacerdotes se alegraron al escuchar esto de un seguidor de Jesús. Ellos prometieron darle a Judas 30 monedas de plata.

Cuando la cena de la pascua estuvo preparada, Jesús y los discípulos se sentaron a la mesa.

—He esperado esta hora con gran anhelo —dijo Jesús—. Yo quiero comer la cena de la pascua con ustedes una vez más antes de mi sufrimiento.

Aunque a Jesús le gustaba estar con sus discípulos, esa noche estaba muy triste. Durante la cena él dijo:

—¡Uno de ustedes me entregará a mis enemigos! —Asombrados, los discípulos se miraban el uno al otro. Cada uno le preguntó a Jesús:

—¿Soy yo?

Jesús contestó:

—A quien yo diere el pan mojado, ése es. —Al decir esto, le dio el pan a Judas. Después le dijo:

»Lo que vas a hacer, hazlo pronto. —Judas salió a la noche tan oscura como lo era su corazón. Estaba deseoso por tener en sus manos esas resplandecientes monedas.

Esa noche, Jesús cambió la antigua pascua judía por la nueva Cena del Señor. Él tomó pan, lo bendijo, lo partió, y lo dio a sus discípulos.

—Coman este pan, porque simboliza mi cuerpo. —Luego Jesús tomó una copa de vino. Dijo:

—Tomad esto, porque simboliza mi sangre que será derramada por los pecados de muchos. Ya no volveré a beber de la copa hasta aquel día en que lo beba con ustedes en el reino de mi Padre. En el futuro, guarden la Cena del Señor en memoria de mi sufrimiento y muerte.

Cuando la cena terminó, los discípulos cantaron un himno con Jesús por última vez.

Mateo 26:14-30; Marcos 14:10-26; Lucas 22:1-23; Juan 13:21-30

Jesús come la última cena con sus discípulos.

Padres: *"Porque nuestra pascua, que es Cristo, ya fue sacrificada por nosotros"* (1 Corintios 5:7).

Niños:
1. ¿Cuántas monedas de plata recibiría Judas?
2. ¿Qué comieron y que bebieron en la Cena del Señor?
3. ¿Qué dijo Jesús que debemos hacer en memoria de él?

MANSIONES CELESTIALES
La oración de despedida de Jesús

Después de la última cena, Jesús habló con sus discípulos por largo rato. Él quería prepararlos para las dificultades que enfrentarían.

—Ustedes deben creer y confiar en mí, así como creen en Dios —les dijo—. Dentro de poco voy a dejarlos, pero después que yo haya resucitado, nos veremos otra vez. No tengan temor ni se angustien, aun cuando parezca que todo va mal.

»Cuando vaya a mi Padre, les prometo que no los dejaré solos. Mi Padre les enviará al Espíritu Santo para consolarlos. Aunque ustedes no puedan verlo, él los va a guiar en el camino verdadero. También les recordará las cosas que yo les he enseñado. Les dará ánimo cuando les sea difícil obedecer mis mandatos.

»Voy a prepararles bellas mansiones a ustedes en el cielo —les dijo Jesús—. Un día volveré allá. Ustedes ya saben el camino.

Pero Tomás le dijo:

—Señor, no tenemos idea a dónde vas. ¿Cómo, pues, podremos saber el camino?

—Yo soy el camino que lleva a Dios —contestó Jesús—. Soy el único puente entre el hombre y Dios. Nadie puede venir a Dios sino por mí.

»Antes que me vaya, voy a darles un regalo, mi paz. No es la paz que el mundo da. Mi paz los hará fuertes y gozosos aun en tiempos difíciles.

Entonces Jesús elevó una bella oración. Alzando sus ojos al cielo, dijo: "Padre Santo, yo les he dicho a los discípulos todo en cuanto a ti. Cuídalos del poder de Satanás. Hazlos puros y santos a través de tu verdad. Oro no sólo por éstos que están aquí conmigo, sino también por todos los que van a creer en mí desde ahora hasta el fin del mundo."

Cuando Jesús hubo acabado de hablar con sus discípulos, todos salieron del aposento, cruzaron el riachuelo de Cedrón y entraron en el huerto de Getsemaní.

Juan 14-17; 18:1

Jesús ora en el huerto mientras sus discípulos duermen.

Padres: *"Ciertamente llevó él nuestras enfermedades, y sufrió nuestros dolores"* (Isaías 53:4).

Niños: 1. ¿A dónde dijo Jesús que iba?
2. ¿Qué está preparando Jesús para los que le aman?
3. ¿Por quiénes oró Jesús?

181

UNA NOCHE EN GETSEMANÍ
El beso de traición

J esús y sus discípulos cruzaron el riachuelo de Cedrón y llegaron al huerto de Getsemaní. Todos estaban muy cansados.

—Por favor no me dejen —les dijo Jesús a Pedro, a Jacobo, y a Juan—. Mi corazón está muy triste—. Jesús caminó algunos pasos y se arrodilló. Él sentía una profunda tristeza. "Padre mío", oró, "¿quitarías de mí este terrible sufrimiento que debo enfrentar? Sin embargo, aceptaré lo que tú quieras para mí."

Vino un ángel del cielo para fortalecerle. Tan grande era la agonía de Jesús, que su sudor era como grandes gotas de sangre que caían a la tierra.

En ese momento, cuando Jesús más necesitaba a sus discípulos, ellos dormían profundamente. Jesús los despertó dos veces, pero el sueño los volvía a dominar.

—¿No pueden estar despiertos conmigo ni siquiera una hora? —les preguntó Jesús al despertarlos la tercera vez—. ¡Levántense! Una multitud viene para arrestarme.

De pronto, los discípulos escucharon el ruido de metales y el retumbido de muchos pies. Vieron espadas que relampagueaban ante las débiles luces de las antorchas. Un grupo de sacerdotes judíos, de soldados, y de ancianos venía hacia ellos. Para sorpresa de los discípulos, ellos vieron que Judas venía guiando a la multitud.

Judas llegó hasta donde estaba Jesús y lo besó. ¡Qué hipocresía! Pero Jesús le preguntó con calma:

—¿Entregas al Hijo del Hombre con un beso?

Entonces Jesús se dirigió a la multitud:

—¿A quién buscan?

—A Jesús de Nazaret —dijeron.

Jesús contestó:

—Yo soy. —Cuando Jesús dijo eso, todos cayeron al suelo. Pero Jesús no trató de huir. Sólo pidió que no arrestaran a sus discípulos.

—¿Heriremos a espada? —le preguntaron sus discípulos. En eso la espada de Pedro relampagueó, cortando la oreja derecha del siervo del sumo sacerdote.

—Deja la espada —le dijo Jesús—. Los que toman espada, a espada morirán. —Entonces Jesús le tocó la oreja al siervo, sanándola. En este último milagro antes de su sufrimiento, Jesús mostró su amor hacia sus enemigos.

Mateo 26:36-56; Marcos 14:32-50; Lucas 22:39-53; Juan 18:1-11

Judas entrega a Jesús con un beso.

Padres: *"Aun el hombre de mi paz, en quien yo confiaba, el que de mi pan comía, alzó contra mí el calcañar"* (Salmo 41:9).

Niños:
1. ¿Qué hacían los discípulos mientras Jesús oraba?
2. ¿Quién traicionó a Jesús con un beso en el huerto?
3. ¿Quién le cortó la oreja al siervo?

JESÚS ES CONDENADO
Un juicio injusto

El complot para capturar a Jesús había tenido éxito. Cuando Judas vio que a Jesús lo condenaban a muerte, se sentio más miserable. ¿Cómo pudo haber sido tan malvado? Regresó al templo y habló con los sacerdotes.

—Soy culpable de haber entregado a un hombre inocente —confesó.

—Eso es problema tuyo —le respondieron fríamente.

Con un grito de desesperación, Judas tiró al piso las 30 monedas de plata. Después salió y se ahorcó.

La multitud llevó a Jesús ante dos líderes judíos, Anás y Caifás. Allí estaba Jesús, solo y sin amigos, rodeado de sacerdotes y fariseos que lo acusaban. ¡Cómo lo odiaban! De una forma u otra, Jesús siempre les recordaba que su orgullo y justicia propia no valía nada. Ahora, por fin podrían deshacerse de él.

Aunque Jesús estaba muy cansado, los hombres no lo dejaron descansar. Le escupieron en la cara. Le vendaron los ojos, y le dieron puñetazos. "¡Dinos quién te golpeó!" decían, burlándose.

Durante ese tiempo, Pedro estaba cerca, calentándose junto a un fuego. Dos veces alguien se le acercó y le preguntó si era un seguidor de Jesús. Pero las dos veces Pedro lo negó. La tercera vez que lo acusaron, Pedro se enojó. Maldiciendo y jurando, gritó:

—¡Ni siquiera conozco a ese hombre!

En ese momento un gallo cantó. Jesús se volvió y miró a Pedro directamente a los ojos . Como un relámpago, Pedro recordó lo que Jesús le había dicho: "Antes que el gallo cante dos veces, tú me negarás tres veces". ¡Pedro se horrorizó! Sobrecogido por el remordimiento, salió y lloró amargamente.

Al amanecer, el concilio judío llevó a Jesús a la corte de Pilato, el gobernador.

—Este hombre está causando problemas —dijeron, acusándolo—. Él le dice al pueblo que no deben pagar los impuestos al gobierno romano. ¡Hasta se proclama rey! —Más voces se unieron a ellos, todos gritando sus mentiras.

Pilato supo que los judíos habían traído a Jesús porque tenían celos de él. Interrogó a Jesús detenidamente, pero lo halló inocente de cualquier delito. Más bien, Jesús le parecía ser mucho más justo que el concilio judío.

¿Pero qué podía hacer Pilato? La multitud se ponía cada vez más enojada.

—¡Crucifíquelo! —gritaban—. ¡Crucifíquelo!

Mateo 26:57-75; 27:1-14; Marcos 14:53-72; 15:1-5; Lucas 22:54-71; 23:1-5; Juan 18:12-38

Jesús es interrogado por Pilato, el gobernador.

Padres: *"Porque la tristeza que es según Dios produce arrepentimiento para salvación... pero la tristeza del mundo produce muerte"* (2 Corintios 7:10).

Niños: 1. ¿Qué hizo Pedro cuando escuchó el gallo cantar?
2. ¿Cómo se llamaba el gobernador?
3. ¿Qué decía la multitud que se debiera hacer con Jesús?

JESÚS ES CRUCIFICADO
El día de gran sufrimiento

Pilato no sabía qué hacer. Él no quería condenar a un hombre inocente. Es más, su esposa le había mandado este mensaje: "No hagas nada con ese hombre justo. He sufrido mucho esta mañana en sueños por causa de él."

Pero la multitud enojada, siguió gritando:

—¡Crucifíquelo! ¡Crucifíquelo! —Luego todos comenzaron a gritar: »¡Suéltanos a Barrabás! —A estos judíos no les importaba Barrabás, un criminal sentenciado a muerte. Pero ellos sabían que Pilato tenía la costumbre de soltarles a un prisionero en este tiempo. Preferían que soltara a cualquier otro, aunque fuera un homicida, que soltar a Jesús.

Nervioso, Pilato se lavó las manos delante de la multitud. Dijo:

—No me hago responsable por la muerte de este hombre. —Aun así, una vez más trató de liberar a Jesús. Dio la orden a los soldados que lo azotaran fuertemente. Después le pusieron una corona de espinas, lo vistieron con un manto de púrpura, y le pusieron una caña en la mano derecha, como símbolo del cetro que usaban los reyes. Quizás ahora los judíos tendrían compasión de Jesús al ver la cara y los vestidos ensangrentados. Pilato lo trajo delante de ellos y les dijo:

—¡He aquí el hombre!

Pero la multitud se puso aun más furiosa.

—¡Fuera con él! ¡Crucifícalo!

Al fin Pilato se rindió. Soltó a Barrabás y permitió que llevaran a Jesús fuera de la ciudad, a un lugar llamado Gólgota. Allí lo clavaron en una cruz. Aunque Jesús estaba en agonía, él no odió a sus enemigos. Él oró: "Padre, perdónalos, porque no saben lo que hacen".

También crucificaron a dos ladrones ese día, uno a cada lado de Jesús. Uno de ellos dijo, burlándose:

—¡Si eres el Cristo, sálvate a ti mismo y sálvanos a nosotros!

Mas el otro dijo:

—Nosotros merecemos morir, pero él es inocente. —Después, volviéndose a Jesús, le dijo—: Acuérdate de mí cuando vengas en tu reino.

De inmediato Jesús contestó:

—¡Hoy mismo estarás conmigo en el paraíso!

Al mediodía toda la tierra se cubrió de tinieblas. A Jesús le quedaban tres horas más de soledad y sufrimiento. Antes de morir, él dio un grito de victoria. "¡Hecho está!"

Su trabajo en la tierra había terminado. Ahora podría librar a todo el mundo de las garras de Satanás y del pecado.

De pronto la tierra tembló, las rocas se partieron en dos, y muchas tumbas se abrieron. El centurión, asustado, exclamó:

—¡En verdad éste era el Hijo de Dios!

Mateo 27:15-54; Marcos 15:6-39; Lucas 23:13-47; Juan 18:38-40; 19:1-30

Jesús es crucificado en medio de dos ladrones.

Padres: *"La sangre de Jesucristo su Hijo nos limpia de todo pecado"* (1 Juan 1:7).

Niños: 1. ¿Dónde llevaron a Jesús para crucificarle?
2. ¿Cuántos hombres fueron crucificados?
3. ¿Por qué murió Jesús?

¡JESÚS HA RESUCITADO!

Una mañana gloriosa

Los fieles amigos de Jesús habían mirado la crucifixión desde lejos. Sin poder hacer nada, escuchaban el clamor de Jesús. Había sido doloroso observar la muerte de su amado Maestro. Sin duda ese día, cuando Dios derramó su ira contra el pecado sobre su propio Hijo perfecto, habría sido el día más difícil en la historia humana.

Cuando ya oscurecía, dos hombres llamados José y Nicodemo, fueron a la cruz. Ellos no habían seguido a Jesús abiertamente por miedo a los líderes judíos. Estos hombres, quienes amaban a Jesús, sacaron los clavos que los otros habían metido en las manos y los pies. Envolvieron el cuerpo en lienzos perfumados con especias aromáticas y luego lo pusieron en una tumba nueva.

¿Sería posible que hacía apenas unos días Jesús había entrado triunfalmente a Jerusalén, delante de la multitud que lo alababa? Ahora, en tan solo 24 horas, había sido traicionado, juzgado, condenado, y crucificado. Para los seguidores de Jesús, la vida les parecía sin esperanza.

Muy temprano la siguiente mañana, varios sacerdotes y fariseos fueron a Pilato. Le dijeron:

—Aquel engañador una vez dijo que en tres días iba a resucitar. Será mejor que dieras la orden de que la tumba sea resguardada. Puede ser que los discípulos vengan a robar el cuerpo y digan que ha resucitado. ¡Ese sería el peor engaño de todos! —Para agradarles Pilato ordenó que la tumba fuera resguardada día y noche.

Al amanecer del tercer día después de su muerte, un gran terremoto sacudió la tumba. Una luz brillante cegó a los soldados que hacían guardia. Era un ángel del cielo, cuyo rostro era como un relámpago y su vestido era tan blanco como la nieve. Los guardas temblaban de terror ante él, sin poder moverse. Con poder y gran gloria, Jesús se levantó de la muerte. El ángel quitó la gran piedra que cubría la entrada de la tumba y se sentó sobre ella.

Mientras tanto María Magdalena, María la madre de Jacobo, y otras mujeres caminaban hacia la tumba. Se asustaron cuando vieron al ángel. Pero él les dijo:

"No tengan miedo. Yo sé que ustedes buscan a Jesús, el que fue crucificado. No está aquí, ¡ha resucitado! Vayan y díganlo a los discípulos."

Las mujeres se fueron corriendo, temblando y sin poder hablar. Sus corazones estaban llenos de gozo y de temor.

Mateo 27:57-66; 28:1-18; Marcos 15:42-47; 16:1-8;
Lucas 23:50-56; 24:1-10; Juan 19:38-42; 20:1

Las mujeres quedaron asombradas al ver a un ángel en de la tumba.

Padres: *"Que fue declarado Hijo de Dios con poder, según el Espíritu de santidad, por la resurrección de entre los muertos"* (Romanos 1:4).

Niños: 1. ¿Quiénes cuidaban la tumba?
                  2. ¿Quién quitó la piedra?
                  3. ¿Qué le dijo el ángel a las mujeres?

LA TUMBA VACÍA
El incrédulo Tomás

María, Salomé, y María Magdalena corrieron a encontrarse con Pedro y Juan. Ellas dijeron:

—Cuando llegamos a la tumba había un ángel allí. ¡Él nos dijo que Jesús ha resucitado!

¿Sería cierto? De inmediato Pedro y Juan corrieron hasta la tumba. Juan llegó primero. Él se agachó y miró adentro, pero no entró. También llegó Pedro, y se apresuró a entrar. Ellos vieron que la ropa estaba puesta en su lugar. Seguramente si alguien se hubiera robado el cuerpo, habría llevado también la ropa. Salieron de la tumba, creyendo que Jesús había resucitado.

María Magdalena regresó a la tumba. Entre lágrimas, vio a dos ángeles que estaban sentados dentro de la tumba.

—¿Por qué lloras? —le preguntaron los ángeles. Sollozando, ella les dijo:

—Porque no sé dónde han puesto a mi Señor.

Cuando dio la vuelta, María vio a Jesús, pero ella creyó que era el hortelano.

—¿Por qué lloras? —preguntó Jesús.

María contestó:

—Señor, dígame dónde lo ha puesto.

Entonces Jesús le dijo:

—¡María! —Al instante, María lo reconoció.

—¡Maestro! —exclamó gozosa.

Esa noche, los discípulos se reunieron en una casa con las puertas cerradas porque tenían miedo de los judíos. De pronto, Jesús apareció entre ellos. Les dijo:

—Paz a ustedes. —¡Cuán contentos estaban de ver a su Señor!

Pero Tomás, uno de los discípulos, no estaba esa noche. Después ellos le dijeron:

—¡Hemos visto al Señor! ¡Ha resucitado!

—No lo creo —dijo Tomás, incrédulo—. A menos que vea la señal de los clavos en sus manos, y ponga mi mano en la herida de su costado, no creeré.

Una semana después, los discípulos volvieron a reunirse. Ese día Tomás estaba con ellos. De pronto todos levantaron la vista. Allí estaba Jesús.

Otra vez Jesús les dijo:

—Paz a ustedes. —Después se dirigió a Tomás, y le dijo—: Mira mis manos. Pon tu mano en mi costado y no seas incrédulo, ¡sino cree!

Maravillado, Tomás sólo pudo confesar:

—¡Señor mío, y Dios mío!

—Tú crees porque me has visto —le dijo Jesús con tierna voz—. Bienaventurados los que creen sin haber visto.

Juan 20:1-31; Marcos 16:1-11

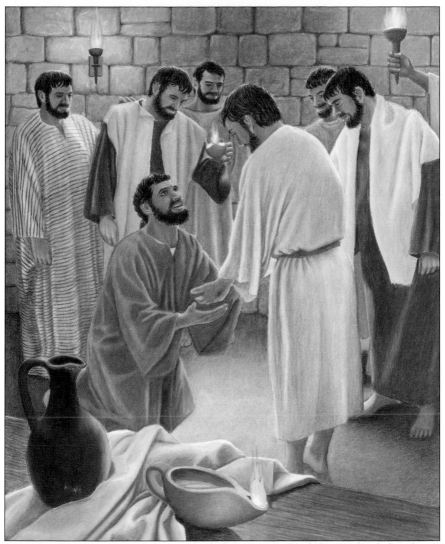
Jesús le muestra a Tomás las señales de los clavos.

Padres: *"Manteganamos firme, sin fluctuar, la profesión de nuestra esperanza, porque fiel es el que prometió"* (Hebreos 10:23).

Niños:
1. ¿Cuáles dos hombres corrieron a la tumba?
2. ¿A quién vio María en el huerto?
3. ¿Cuál discípulo fue incrédulo?

EN EL CAMINO A EMAÚS

Jesús les aparece a sus seguidores

Dos de los seguidores de Jesús se dirigían a Emaús, un pueblo a unos 11 kilómetros de Jerusalén. Estaban tristes y confusos. ¿Qué habrá pasado con Jesús? Algunos decían que su cuerpo había sido robado de la tumba. Unas mujeres decían que habían visto unos ángeles que les dijeron que Jesús estaba vivo. Aun otros afirmaban que los santos que habían muerto hace mucho tiempo habían caminado por las calles de Jerusalén.

Mientras conversaban, Jesús se unió a ellos, pero no lo reconocieron.

—¿Qué están hablando que les causa tanta tristeza? —les preguntó Jesús.

—¿No sabes lo que ha pasado? —preguntó Cleofas. —Debes de ser un extranjero aquí. El Maestro Jesús era un profeta poderoso, pero él fue crucificado. Nosotros creíamos que él era el redentor de Israel. Pero ahora nuestras esperanzas se han desvanecido. —Cleofas continuó contándole todo lo que había acontecido en los últimos días.

Entonces Jesús dijo:

—¡Qué necios y tardos han sido ustedes en creer! ¿No saben lo que han escrito los profetas acerca del Mesías? Era necesario que él padeciera y muriera por los pecados de toda la humanidad para darles paz y perdón.

Empezando con Moisés y los profetas, Jesús les explicó lo que se había escrito de él.

Pronto llegaron a Emaús. Invitaron a Jesús a cenar. Mientras Jesús pedía la bendición de Dios sobre la comida, de pronto ellos lo reconocieron. Pero en ese momento Jesús desapareció de su vista.

Olvidando que estaban hambrientos y cansados, Cleofas y su amigo volvieron otra vez a Jerusalén. "¡Con razón nuestro corazón ardía mientras él nos hablaba!" exclamaron. En Jerusalén, ellos se reunieron con los 11 discípulos, hablando con entusiasmo.

—¡Jesús ha resucitado! —decían los discípulos. Luego los dos hombres contaron a los discípulos como Jesús también les había aparecido a ellos.

Mientras hablaban, Jesús se les apareció otra vez.

—Paz a ustedes —les dijo Jesús. ¡Cómo se regocijaron los discípulos al ver a su Señor una vez más!

Marcos 16:12-13; Lucas 24:13-49

Jesús les explica las Escrituras a Cleofas y a su amigo.

Padres: *"Y si Cristo no resucitó, vuestra fe es vana; aún estáis en vuestros pecados"* (1 Corintios 15:17).

Niños:
1. ¿Por qué estaban tristes Cleofas y su amigo?
2. ¿Quién se unió a ellos en el camino a Emaús?
3. ¿Quién murió para que nosotros podamos tener paz y perdón?

LA GRAN COMISIÓN
Proclamando las buenas nuevas

Había llegado el tiempo en que los discípulos debían salir de Jerusalén para ir a Galilea. Los ángeles en la tumba habían dicho que Jesús se encontraría con ellos allí. Pero algunos discípulos todavía no creían que Jesús había resucitado. Cuando Jesús volvió a aparecer entre ellos, les reprochó por su dureza e incredulidad.

Entonces Jesús les abrió el entendimiento para que entendieran las Escrituras.

"¿Recuerdan lo que yo les decía?" les preguntó. "Les dije que todo lo que estaba escrito de mí en la ley de Moisés, en los salmos, y en los profetas, debía cumplirse. Esos escritores dijeron que el Cristo iba a sufrir, a morir, y a resucitar al tercer día. También dijeron que los corazones de los hombres serían cambiados, y sus pecados serían perdonados en mi nombre.

"Ahora ustedes deben ir a todas partes del mundo a predicar las buenas nuevas de salvación", continuó Jesús. "Todo el que cree y es bautizado, será salvo. Pero cualquiera que no crea será condenado. Ustedes deben enseñarles a los creyentes todo cuanto les he dicho. Recuerden, yo estaré con ustedes hasta el fin del mundo. Como el Padre me envió, así también yo los envío a ustedes.

"Los que creen podrán hacer milagros en mi nombre", les dijo Jesús. "Podrán echar fuera demonios y hablar nuevas lenguas. Si son mordidos por serpientes o si beben algo mortífero, no sufrirán daño. Pondrán sus manos sobre los enfermos para sanarlos."

Después de esto, Jesús sopló sobre los discípulos y les dijo: "Reciban el Espíritu Santo". De la misma manera, Dios había soplado el aliento de vida en Adán, el primer hombre, para hacerlo un alma viviente. A través de ese aliento de vida espiritual, Jesús estaba preparando a los discípulos para un gran trabajo. Él quería que ellos predicaran las buenas nuevas de salvación después que él hubiera ascendido al cielo. Hoy día, él está preparando un hogar eterno para todos los que le aman y le obedecen.

Mateo 28:16-20; Marcos 16:14-18; Lucas 24:44-49; Juan 20:21-22

Jesús les dice a los discípulos que prediquen las buenas nuevas a todas las personas.

Padres: *"Bienaventurados los que no vieron, y creyeron"*
(Juan 20:29).

Niños: 1. ¿A quiénes deben enseñar los discípulos las buenas
nuevas de salvación?
2. ¿Prometió Jesús que siempre estaría con sus discípulos?
3. ¿Cuáles milagros harían sus discípulos?

195

JESÚS ASCIENDE AL CIELO
Cuarenta días maravillosos

Durante los 40 días después de su resurrección, Jesús apareció a sus amigos en muchas ocasiones. Pero solamente se mostró a los que creían en él. Los que lo odiaban nunca volvieron a ver al Salvador del mundo aquí en la tierra.

Ya no había ninguna duda de que Jesús hubiera resucitado y estuviera vivo. Aunque podía pasar por puertas cerradas, y también desaparecer, eso no significaba que era un fantasma. Sus amigos podían tocarlo. Él comió pescado y pan junto con ellos a la orilla del mar. Cierta vez, él apareció a más de 500 creyentes que estaban reunidos.

Durante la crucifixión, Dios parecía contener su poder. Él no rescató a Jesús de esa muerte tan horrible y dolorosa. Los discípulos todavía eran débiles y tenían miedo de los judíos. Pero durante los 40 días después de su resurrección, Jesús les ayudó a entender muchas cosas nuevas. Ellos recibieron fuerzas para vencer el miedo a los hombres. Se hicieron fuertes y valientes por el poder del amor de Dios, y no por pelear batallas terrenales.

Un día, Jesús enseñaba a los discípulos en el Monte de los Olivos, cerca de Betania. "Ustedes serán mis testigos", dijo él, "primeramente en Jerusalén, y también en todo el mundo. Enseñen a la gente a seguirme.

"Permanezcan en Jerusalén hasta que les envíe el Espíritu Santo. Él los guiará en el camino correcto, y les dará fuerza, sabiduría, y valor."

Entonces Jesús levantó las manos para bendecir a sus discípulos. De pronto ellos vieron que se alzaba en el aire. Él subió más y más hasta que desapareció en una nube.

Los discípulos miraban, asombrados. ¡Cuánto deseaban que Jesús se quedara con ellos para siempre en la tierra.

En ese momento, aparecieron dos hombres con ropas blancas. Dijeron: "¿Por qué están viendo hacia el cielo? Ese mismo Jesús volverá algún día de la misma manera en que lo vieron ir."

Con gozo los discípulos regresaron a Jerusalén. Cada día alababan a Dios y lo adoraban en el templo, mientras esperaban la venida del Espíritu Santo.

Mateo 28:16-20; Marcos 16:15-20; Lucas 24:42-53; Hechos 1:6-12

Los discípulos miran a Jesús ascender al cielo.

Padres: *"Y si me fuere y os preparare lugar, vendré otra vez, y os tomaré a mí mismo, para que donde yo estoy, vosotros también estéis"* (Juan 14:3).

Niños:
1. Mientras Jesús hablaba a los discípulos, ¿dónde empezó a irse?
2. ¿En qué se fue Jesús?
3. ¿Ahora dónde está Jesús? ¿Va a volver?

EL DÍA DE PENTECOSTÉS
Dios envía el Espíritu Santo

Los discípulos de Jesús claramente lo habían visto desaparecer en una nube cuando ascendió al cielo. Ellos estaban gozosos por las promesas que Jesús les había dado. "Regresen a Jerusalén para que reciban el Espíritu Santo", les había dicho. "Él les dará poder para ser mis testigos."

Esto era algo nuevo para los discípulos. ¿Cómo podrían ellos recibir poder? ¿Quién era el Espíritu Santo? Pero aunque ellos no entendían eso, siempre obedecieron las órdenes de Jesús.

En Jerusalén, 120 creyentes se reunieron en una casa. Allí estuvieron diez días, orando y adorando en una hermosa unión de corazón. Ansiosos, ellos esperaron la venida del Espíritu Santo que Jesús les había prometido.

Llegó el día de Pentecostés, cuando de repente escucharon un sonido como de un fuerte viento. Vieron lenguas de fuego que bajaban sobre cada uno de ellos. En ese instante, ellos fueron llenos del Espíritu Santo, así como Jesús lo había dicho. A través del Espíritu, ellos recibieron un poder especial.

¿Qué era ese poder especial? Muy pronto Dios lo mostró poderosamente a través de los creyentes. Antes ellos eran débiles y llenos de temor. Pero ahora no podían contenerse de hablar de su Señor. En el templo se encontraron con grandes multitudes de gente que habían venido de más de 18 ciudades y países a la fiesta de la pascua. La gente escuchaba con atención a los discípulos. Estaban asombrados porque cada uno les oía hablar en su propia lengua. ¡Qué milagro! Los discípulos hablaban en lenguas que nunca antes habían aprendido! Muchos alababan a Dios por su gran poder.

Ese día Pedro mostró cuánto lo había cambiado el Espíritu Santo. Sólo unas pocas semanas atrás él había negado a Jesús, pero ahora era un predicador valiente, y no tenía temor. Su mensaje de la gracia salvadora de Jesús era tan profundo y poderoso que 3.000 personas se arrepintieron y creyeron ese día.

Así fue como la iglesia cristiana nació por el poder del Espíritu Santo.

Hechos 1:8-14; 2:1-42

Dios envía el Espíritu Santo sobre los discípulos.

Padres: *"Y después de esto derramaré mi Espíritu sobre toda carne..."* (Joel 2:28).

Niños:
1. ¿Qué sucedió el día de Pentecostés?
2. ¿Cuántas personas creyeron después de la predicación de Pedro?
3. ¿Ayuda el Espíritu Santo a la gente hoy día?

ESTEBAN, EL PRIMER MÁRTIR

Un testimonio glorioso

Después que los discípulos recibieron el Espíritu Santo, predicaron con valor el evangelio de Jesús a toda persona. En Jerusalén, más y más personas llegaron a creer.

Un predicador sobresaliente fue Esteban. Aunque era nuevo en la obra, predicaba con gran poder. Cuando los judíos trataron de argumentar con Esteban, no pudieron resistir su sabiduría. Él les dio pruebas fuertes de que Jesús era el Mesías. Pero eso no hizo más que enojarlos, porque odiaban a Jesús. Empezaron a influenciar a la gente en contra de Esteban. Lo agarraron y lo llevaron ante el concilio judío.

—Este hombre no cesa de hablar mal contra el santo templo y contra la ley de Moisés —decían, acusándolo—. También lo oímos decir que Jesús de Nazaret destruirá este lugar, y cambiará las costumbres que Moisés nos dejó. —Por supuesto eso no era cierto. Ellos estaban torciendo sus palabras como lo habían hecho con Jesús en ese mismo lugar.

Entonces todo el concilió fijó los ojos en Esteban porque su rostro era como el de un ángel. Brillaba con el amor de Cristo para sus enemigos. El sumo sacerdote preguntó:

—¿Son ciertas todas estas acusaciones?

Entonces Esteban empezó a contarles la historia de los judíos.

—Desde el tiempo antiguo la nación judía no ha querido oír a los profetas que Dios les ha enviado. Y ahora ha rechazado y matado al más grande mensajero de todos, Jesucristo, el Hijo de Dios. —De inmediato los judíos se enfurecieron y empezaron a rechinar los dientes contra Esteban.

Entonces Esteban, lleno del Espíritu Santo, miró hacia el cielo y dijo:

—¡Miren! Veo los cielos abiertos, y al Hijo del Hombre a la diestra de Dios.

Los judíos se ofendieron en gran manera y se taparon los oídos. Gritando fuertemente sacaron a Esteban fuera de la ciudad y lo apedrearon.

Las piedras daban contra el cuerpo de Esteban, golpeándolo sin piedad. En seguida, él se arrodilló y clamó: "Señor, perdóneles este pecado". Dichas estas palabras, Esteban murió.

Hechos 6-7

La multitud apedrea a Esteban.

Padres: *"Estos son los que han salido de la gran tribulación, y han lavado sus ropas, y las han emblanquecido en la sangre del Cordero"* (Apocalipsis 7:14).

Niños: 1. ¿Por qué apedrearon los judíos a Esteban?

        2. ¿Estaba enojado Esteban con los judíos?

        3. ¿Oró Esteban por ellos?

FELIPE Y EL ETÍOPE
La respuesta de un corazón hambriento

Después de la muerte de Esteban, un devoto fariseo llamado Saulo dirigió una persecución contra los cristianos. Muchos huyeron de Jerusalén y se esparcieron por toda Judea y Samaria.

Durante ese tiempo, uno de los copastores de Esteban, llamado Felipe, viajó a Samaria. Allí predicó a grandes multitudes. Él sanó a muchos paralíticos y cojos en el nombre de Jesús. Había gran regocijo en esa ciudad.

En esa misma ciudad había un hombre llamado Simón. Por mucho tiempo había estado engañando a la gente con sus trucos mágicos. La gente decía que él tenía el gran poder de Dios. Pero a través del ministerio de Felipe, tanto Simón como muchos de sus seguidores, creyeron en Jesús.

Simón vio el poder del Espíritu Santo en Felipe así como en Pedro, quien le ayudaba. Él les ofreció dinero para que le dieran de ese poder.

Pero Pedro le dijo:

—¡Tu dinero perezca contigo! Porque ningún dinero puede comprar el don de Dios. Tu corazón no es recto delante de Dios. Debes arrepentirte de tu maldad.

Entonces el ángel del Señor le dijo a Felipe que fuera hacia el sur, por un camino desierto. Allí, Felipe encontró a un etíope, jefe de los tesoros en la corte de la reina. De alguna forma, el etíope había oído hablar del Dios verdadero, y había ido a Jerusalén a adorarlo. De regreso a su casa, él iba leyendo el libro del profeta Isaías.

—¿Entiendes lo que lees? —le preguntó Felipe al acercarse.

El etíope contestó:

—¿Cómo podré, si nadie me lo explica? —Él estuvo leyendo acerca del Siervo de Dios que fue llevado a la muerte como una oveja al matadero.

Entonces Felipe se subió al carro con el etíope y le contó acerca de Jesús, el Cordero de Dios, que murió por los pecados del mundo. Cuando pasaron por un lugar donde había agua, el etíope le dijo a Felipe:

—Aquí hay agua. ¿Qué impide que yo sea bautizado?

—Si crees con todo tu corazón, bien puedes —le dijo Felipe.

El etíope respondió:

—Creo que Cristo Jesús es el Hijo de Dios.

En seguida ambos bajaron al agua y Felipe bautizó al etíope. Después el etíope siguió gozoso su camino.

Hechos 8

Felipe le explica las Escrituras al etíope.

Padres: *"Pues la Escritura dice: Todo aquel que en él creyere no será avergonzado"* (Romanos 10:11).

Niños:
1. ¿A dónde le mandó el ángel a Felipe?
2. ¿En cuál libro de la Biblia leía el etíope?
3. ¿Qué decía el etíope que es Jesús?

LA CONVERSIÓN DE SAULO
Un instrumento escogido de Dios

Saulo era un joven judío de la ciudad de Tarso. Él representaba la esencia del orgullo fariseo. Había estudiado en Jerusalén bajo el famoso maestro judío, Gamaliel. Cuando Saulo hacía algo, lo hacía con toda su fuerza.

Saulo había estado presente cuando apedrearon a Esteban. Estaba convencido de que la nueva enseñanza de Jesús era una doctrina falsa. Por eso, hacía todo lo que podía para destruir a la iglesia en Jerusalén. Después decidió atacar también a los creyentes que habían huido a otras ciudades. Los arrestaba, los amarraba, y luego los llevaba a Jerusalén para juzgarlos.

Llevando cartas oficiales del sumo sacerdote, Saulo y sus ayudantes viajaron hacia Damasco, buscando a los cristianos. Cuando estuvieron cerca de la ciudad, de pronto una luz muy brillante, más brillante que el sol del medio día, los iluminó. La luz era tan brillante que Saulo cayó al suelo totalmente ciego. Escuchó una voz del cielo que decía:

—Saulo, Saulo, ¿por qué me persigues?

Saulo preguntó:

—¿Quién eres, Señor?

—Yo soy Jesús —le respondió la voz—. Cada vez que le haces un daño a uno de mis seguidores, me lo haces a mí.

Entonces Saulo, temblando y lleno de miedo, le preguntó:

—¿Qué quiere que yo haga, Señor?

—Ve a la ciudad —le dijo Jesús—. Allí se te dirá lo que debes hacer.

Llevaron a Saulo a la casa de Judas. Durante tres días no comió ni bebió, sino que oró fervientemente pidiéndole dirección al Señor. Dios le mostró en una visión que un hombre vendría a ayudarle.

Mientras tanto, un discípulo llamado Ananías, también tuvo una visión. Dios le dijo que fuera a ver a Saulo a la casa de Judas y que pusiera sus manos sobre él. Ananías tenía miedo porque había oído mucho de la persecución de Saulo. Pero confió en Dios y fue a verlo. Cuando Ananías puso las manos sobre Saulo, le dijo:

—Hermano Saulo, el mismo Jesús, que se te apareció en el camino, me ha enviado para que recobres la vista y seas lleno del Espíritu Santo.

De inmediato Saulo recobró la vista. Se levantó y fue bautizado. Así Saulo, aquel hombre orgulloso, llegó a ser un siervo humilde de Dios. Después fue conocido como Pablo, que quiere decir "pequeño".

Hechos 8:1-4; 9:1-20

Saulo es cegado por una luz brillante del cielo.

Padres: *"Gustad, y ved que es bueno Jehová; dichoso el hombre que confía en él"* (Salmo 34:8).

Niños:
1. ¿A qué iba Saulo a Damasco?
2. ¿Qué le sucedió a Saulo antes de llegar a Damasco?
3. ¿Quién lo llamó, diciendo: "Saulo, Saulo"?

LA VISIÓN DE PEDRO
La salvación es para todos

Un día mientras Pedro estaba en la ciudad de Jope, él subió a la azotea de una casa para orar. Estando allí, tuvo una visión. Él vio que bajaba del cielo una gran sábana, amarrada de sus cuatro puntas. Dentro de ella había muchos animales cuadrúpedos, reptiles, y aves.

Una voz dijo: "Pedro, levántate, mata, y come".

Pedro tenía hambre, pero sabía que según la ley judía los animales inmundos no se debían comer. Él dijo: "No, Señor, porque nunca he comido nada inmundo". Esto sucedió tres veces y la sábana desapareció. Mientras Pedro se preguntaba qué significaría todo eso, el Espíritu le dijo que tres hombres estaban afuera, buscándolo. Él bajó para encontrarlos.

Los hombres le dijeron:

—Un centurión romano llamado Cornelio, temeroso de Dios, nos ha enviado a buscarte. —Pedro los invitó a quedarse esa noche. Les dijo que al siguiente día iría con ellos junto con otros seis hombres.

Cuando llegaron a la casa de Cornelio, ya se había reunido un grupo de gente. Pedro les dijo:

—Ustedes saben que la ley judía prohibe que yo visite la casa de un gentil. Pero Dios me ha mostrado en una visión que no debemos pensar que unos somos mejores que otros. Ahora, ¿pueden decirme por qué me han hecho venir?

Cornelio le explicó:

—Hace cuatro días estaba yo ayunando y orando. De repente se me apareció un hombre con ropa resplandeciente. Él me dijo que lo llamara, y me dijo dónde podría encontrarle. Estamos ansiosos de escuchar el mensaje de Dios.

Pedro respondió:

—¡En verdad Dios no hace acepción de personas! No limita su salvación sólo a los judíos.

Entonces Pedro les contó la maravillosa historia de Jesús. Les contó cómo Jesús quería que todos, tanto los judíos como los gentiles, creyeran en él.

Mientras Pedro hablaba, todos los que escuchaban fueron llenos del Espíritu Santo. Ésta era la prueba final de que los gentiles podían ser parte de la verdadera iglesia cristiana.

Hechos 10

Pedro ve una sábana llena de animales en una visión.

Padres: *"Porque no hay diferencia entre judío y griego, pues el mismo que es Señor de todos, es rico para con todos los que le invocan"* (Romanos 10:12).

Niños: 1. ¿Dónde estaba Pedro cuando tuvo la visión?
2. ¿De dónde vino la sábana con los animales?
3. ¿Quiénes pueden recibir la salvación de Dios?

PEDRO EN LA PRISIÓN
Liberado por un ángel

Por toda Palestina, más y más gente creía en Jesús. La persecución había cesado y las iglesias gozaban de paz.

Pero el rey Herodes supo que él agradaría a los líderes judíos si maltratara a los creyentes. Los judíos se alegraron cuando mandó matar al apóstol Jacobo. Por eso él pensó matar también a Pedro. El primer día de la fiesta de la pascua, Pedro fue arrestado y encarcelado. El rey pensó esperar hasta después de la fiesta de siete días para hacerle un juicio público.

Toda esa semana los discípulos oraron día y noche por Pedro. Al fin llegó la última noche antes de la muerte de Pedro. ¿Lo libraría Dios?

En la cárcel, grupos de cuatro soldados se turnaban para vigilar a Pedro. Lo tenían con doble cadena, atado en medio de dos soldados, mientras otros dos cuidaban la puerta. Pero Pedro dormía tranquilamente.

De pronto, un ángel, rodeado de una luz gloriosa, apareció junto a Pedro. Le tocó en el costado y le dijo: "¡Levántate pronto!" Las fuertes cadenas se cayeron. "Ponte el manto y los zapatos, y sígueme", le dijo el ángel.

Pedro obedeció, creyendo que estaba soñando. Pasaron la primera guardia, después la segunda. Al fin llegaron al pesado portón de hierro que daba a la ciudad. ¡Se abrió por sí solo! El ángel caminó a lo largo de la calle con Pedro y luego desapareció.

Al fin Pedro comprendió lo que había sucedido. *¡Es verdad!* pensó. *¡Un ángel del Señor me ha rescatado de mis enemigos!*

Entonces Pedro se fue a la casa donde estaban los hermanos reunidos orando. Cuando llamó a la puerta, una muchacha llamada Rode fue a ver quién era, y de inmediato reconoció la voz. Pero en vez de abrirle la puerta, se fue corriendo a contarles las buenas nuevas a los demás.

—Debes estar loca —le dijeron.

—No, no lo estoy —les decía Rode—. ¡En verdad es Pedro!

—Es su ángel —insistían los demás.

Pero Pedro siguió llamando hasta que le abrieron la puerta. ¡Cuán asombrados estaban de verlo otra vez! Se regocijaron al saber que Dios sí oye las oraciones de su pueblo.

Hechos 12:1-19

Un ángel libera a Pedro de la cárcel.

Padres: *"Por tanto, os digo que todo lo que pidiereis orando, creed que lo recibiréis, y os vendrá"* (Marcos 11:24).

Niños:
1. ¿Qué hacían los discípulos mientras Pedro estaba en la prisión?
2. ¿Quién rescató a Pedro de la prisión?
3. ¿Quién reconoció la voz de Pedro?

PABLO Y SILAS EN LA CÁRCEL
Cantos en la noche

L as iglesias crecían, y los cristianos se esparcían lejos de Jerusalén. Misioneros diligentes cumplían la gran comisión de Jesús, llevando el evangelio a todo el mundo.

Pablo y Silas viajaron lejos, hasta Filipos al norte de Grecia. Allí enseñaron a la gente que se reunía a la orilla de un río para orar.

Un día Pablo y Silas vieron a una muchacha que ganaba mucho dinero para sus amos, adivinando. Pablo se entristeció al ver que un espíritu maligno estaba obrando en ella. Le dijo al espíritu maligno:

—En el nombre de Jesús, te ordeno que salgas de ella. —Inmediatamente el espíritu la dejó.

Los amos de la muchacha se enojaron porque ahora su fuente de dinero se había terminado. Ellos agarraron a Pablo y a Silas, los llevaron ante el juez, y dijeron:

—Estos judíos están causando problemas al enseñar costumbres diferentes a las leyes romanas.

Pronto se reunió una gran multitud. Pablo y Silas fueron azotados públicamente y arrojados al calabozo más adentro de la cárcel.

Ellos seguían gozosos a pesar de las dolorosas heridas que sangraban en su espalda. A la medianoche oraban y cantaban alabanzas al Señor. Los demás prisioneros nunca antes habían escuchado algo semejante.

De repente, un fuerte terremoto sacudió la prisión. Las puertas se abrieron de par en par y las cadenas de todos los prisioneros se soltaron. En verdad Dios estaba contestando las oraciones. El carcelero se despertó y vio las puertas abiertas. Se atemorizó, creyendo que todos los prisioneros habían escapado. Seguramente sería acusado de descuido. En su desesperación, el carcelero sacó su espada para matarse.

Pablo le gritó:

—¡No se haga daño, todos estamos aquí! —El carcelero pidió una luz. Después cayó a los pies de Pablo y Silas, temblando.

—¿Qué debo hacer para ser salvo? —les preguntó.

—Crea en el Señor Jesucristo, y será salvo, usted y su casa —dijeron Pablo y Silas.

¡Qué noche tan extraña pasaron el carcelero y su familia! Después de curar las heridas de Pablo y Silas, la familia del carcelero fue bautizada. Después sirvieron una comida deliciosa, donde todos se regocijaron por su nueva fe en el Señor Jesús.

Hechos 16:11-34

Un gran terremoto sacude los cimientos de la cárcel y las puertas fueron abiertas.

Padres: *"Que si confesares con tu boca que Jesús es el Señor, y creyeres en tu corazón que Dios le levantó de los muertos, serás salvo"* (Romanos 10:9).

Niños: 1. ¿Cuándo empezaron Pablo y Silas a cantar?
2. ¿Por qué tenía tanto miedo el carcelero?
3. ¿Qué le dijeron Pablo y Silas al carcelero que hiciera?

LA NUEVA JERUSALÉN; CIELO Y TIERRA

He aquí, yo hago nuevas todas las cosas

Juan, el discípulo que Jesús amaba, llegó a ser un hombre muy viejo. Como él seguía hablando de Jesús, el cruel emperador romano lo exilió a una isla desiértica y rocosa llamada Patmos.

Una mañana, en el día del Señor, Juan vio a Jesús en una visión. Jesús le dijo: "Escribe en un libro todo lo que ves". Juan vio la puerta del cielo abierta. Al otro lado había alguien sentado sobre un trono, rodeado por un espléndido arco iris. En su mano tenía un libro que hablaba del futuro. Estaba tan sellado, que ningún hombre podía abrirlo.

Entonces Jesús tomó el libro. Él era el único digno de abrir los sellos. Inmediatamente miles y miles de ángeles, junto con los ancianos, prorrumpieron en cantos: "¡Digno es el Cordero que fue inmolado de recibir el poder, la gloria, y la alabanza!"

Jesús iba abriendo los sellos uno por uno. Con cada sello que abría, Juan veía que sucedían nuevas cosas; pero Dios siempre estaba en control de todo el mundo. Satanás, el enemigo de Dios, había sumergido al mundo en pecado y sufrimiento. Pero Jesús lo venció completamente cuando murió y resucitó.

Juan escuchó a Jesús decir: "He aquí, yo hago nuevas todas las cosas". Entonces aparecieron un nuevo cielo y una nueva tierra que eran perfectos y buenos. Después bajó del cielo la santa ciudad, la nueva Jerusalén, tan bella como una novia en el día de su boda.

Juan escuchó una voz que decía: "Ahora el hogar de Dios está entre los hombres, y él estará con ellos. Dios enjugará toda lágrima. No existirá más el mar ni la noche. Ya no habrá muerte, ni habrá más llanto, ni clamor, ni dolor."

No habrá el mar, es decir que no habrá más separación, ni inquietud, ni turbulencia, como la ondas del mar.

No habrá noche, es decir que no habrá mas ceguera, ni oscuridad, ni sombras, ni pesadillas.

No habrá tristezas, es decir que no habrá más problemas, ni desastres, ni tristezas, ni amenazas, ni pruebas.

No habrá llanto, es decir que no habrá más angustia, ni aflicción, ni pena.

No habrá dolor, es decir que no habrá más pesar, ni miseria, ni sufrimiento, ni cansancio, ni torturas.

No habrá muerte, es decir que no habrá enfermedad, ni putrefacción, ni accidentes, ni soledad.

Juan escribió: "Benditos los que obedecen los mandamientos de Dios, porque ellos podrán entrar por las puertas de la ciudad".

"Yo vengo en breve", dijo Jesús.

Y Juan respondió en nombre de todos los creyentes del mundo: "Amén; sí, ven, Señor Jesús".

Apocalipsis 1:9-11; 4:1-3; 5:1-12; 21; 22

Juan ve la nueva Jerusalén que desciende del cielo.

Padres: *"Así que, recibiendo nosotros un reino inconmovible, tengamos gratitud, y mediante ella sirvamos a Dios agradándole con temor y reverencia"* (Hebreos 12:28).

Niños: 1. ¿Por qué desterraron a Juan en una isla?

2. ¿Quiénes cantaban en el cielo al abrir Jesús el libro del futuro?

3. ¿Quién va a quitar toda lágrima?

PASOS PARA LA SALVACIÓN

La Biblia dice que "todos pecaron y están destituidos de la gloria de Dios" (Romanos 3:23). Es decir, ya que todos hemos pecado contra Dios, debemos reconciliarnos con él. Es un asunto de vida o muerte, del cielo o del infierno (Romanos 6:23; 6:16; Deuteronomio 30:19). "Porque de tal manera amó Dios al mundo, que ha dado a su Hijo unigénito, para que todo aquel que en él cree, no se pierda, mas tenga vida eterna" (Juan 3:16). Dios hizo posible que lleguemos a él por medio de su único Hijo, Cristo Jesús, quien llegó a ser el cordero perfecto "ya destinado desde antes de la fundación del mundo" (1 Pedro 1:20).

Somos pecadores. Por lo tanto, debemos arrepentirnos de nuestros pecados. No somos pecadores por los pecados que hayamos cometido, sino que lo somos por la decisión que tomó Adán en el huerto. Por eso, "todos pecaron, y están destituidos de la gloria de Dios".

"Porque por gracia sois salvos por medio de la fe; y esto no de vosotros, pues es don de Dios" (Efesios 2:8). Debemos arrepentirnos de nuestros pecados (Hechos 2:38; 3:19; 17:30). "Que si confesares con tu boca que Jesús es el Señor, y creyeres en tu corazón que Dios le levantó de los muertos, serás salvo" (Romanos 10:9). Debemos creer en él y recibirlo como nuestro Salvador. Una vez que nos hayamos arrepentido de nuestros pecados, debemos ser bautizados y no volver a nuestros pecados porque somos una nueva criatura (2 Corintios 5:17). "El que tiene mis mandamientos, y los guarda, ése es el que me ama; y el que me ama, será amado por mi Padre, y yo le amaré, y me manifestaré a él" (Juan 14:21). Después que usted ha nacido de nuevo en Cristo Jesús, disfrute de su nueva vida en Cristo, sea fiel y crezca en él (1 Juan 2:3; Romanos 6:13; Apocalipsis 2:10).